丛书主编

王大明　　刘兵　　李斌

编委会成员

（按姓氏音序排列）

陈印政　　柯遵科　　李　斌

李思琪　　刘　兵　　曲德腾

孙丽伟　　王大明　　吴培熠

杨可鑫　　杨　枭　　张前进

科学救国启蒙人
中华科技拓荒者

李思琪 李 斌 编

中原出版传媒集团
中原传媒股份公司

大象出版社
·郑州·

图书在版编目（CIP）数据

科学救国启蒙人：中华科技拓荒者 / 李思琪，李斌编. — 郑州：大象出版社，2021. 6（2024. 1重印）
（中外科学家传记丛书 / 王大明，刘兵，李斌主编）
ISBN 978-7-5711-0871-7

Ⅰ. ①科… Ⅱ. ①李… ②李… Ⅲ. ①科学家-列传-中国-现代 Ⅳ. ①K826. 1

中国版本图书馆 CIP 数据核字（2020）第 248748 号

中外科学家传记丛书
科学救国启蒙人　中华科技拓荒者
KEXUE JIUGUO QIMENGREN　ZHONGHUA KEJI TUOHUANGZHE
李思琪　李　斌　编

出 版 人	汪林中
项目策划	刘　兵　李光洁
项目统筹	成　艳　陶　慧　王曼青
责任编辑	贠晓娜
责任校对	安德华
装帧设计	王莉娟

出版发行	大象出版社（郑州市郑东新区祥盛街27号　邮政编码450016）
	发行科　0371-63863551　总编室　0371-65597936
网　　址	www.daxiang.cn
印　　刷	河南瑞之光印刷股份有限公司
经　　销	各地新华书店经销
开　　本	890 mm×1240 mm　1/32
印　　张	6.5
字　　数	138 千字
版　　次	2021 年 6 月第 1 版　2024 年 1 月第 5 次印刷
定　　价	23.00 元

若发现印、装质量问题，影响阅读，请与承印厂联系调换。
印厂地址　武陟县产业集聚区东区（詹店镇）泰安路与昌平路交叉口
邮政编码　454950　　　　　电话　0371-63956290

总 序

马克思和恩格斯合写于 19 世纪 40 年代的《共产党宣言》中,曾有这样一段生动的描述:"自然力的征服,机器的采用,化学在工业和农业中的应用,轮船的行驶,铁路的通行,电报的使用,整个整个大陆的开垦,河川的通航,仿佛用法术从地下呼唤出来的大量人口——过去哪一个世纪料想到在社会劳动里蕴藏有这样的生产力呢?"马克思和恩格斯说的那一切,还不过是 19 世纪的景况。到了 21 世纪的今天,随着核能、电子、生物、信息、人工智能等各种前人闻所未闻的科学技术的飞速发展,人类社会面貌进一步发生了翻天覆地的甚至马克思那个年代都无法想象的巨变。造成所有这一切改变的最根本原因,毫无疑问,就是科学技术。而几百年来,推动科学技术发展的直接力量,就是一大批科学家和技术专家。

中国是这几百年来世界科学技术革命和现代化的后知后觉者,从 16 世纪末期最初接触近代自然科学又浅尝辄止,到 19 世纪中期晚清时代坚船利炮威胁下的西学东渐,再到 20 世纪初期对"德先生"和"赛先生"的热切呼唤,经过几百年的尝试,特别是近几十年的努力,已逐渐赶上世界发展的潮流,甚至最近还有后来者居上的势头。例如,中国目前不但在经济总量上居于世界第二的地位,而且在科学研究的多个前沿领域也已经名列国际前茅。最可贵的是，中国已经形成了一支人数众多、质量上乘的科研队伍。

利用科学技术来推动社会经济的发展，中国已经尝到了巨大甜头，科学技术是第一生产力的观点深入人心。从政府到民间，大家普遍关心如何进一步落实科教兴国战略、推动创新促进发展，使中国在科技创新方面更具竞争优势，培养和造就出更多的科技创新人才，使中国在现代化道路上能走得更长远、更健康。

为实现上述目标，一方面需要提高专业科学研究队伍的水平，发扬理性思考、刻苦钻研、求真求实、勇于创新的科学精神；另一方面也需要增强和培育整个社会的公众科学素养，造就学科学、爱科学，支持创新、尊重人才的文化氛围。这套"中外科学家传记丛书"的编辑和出版，就是出于这样的考虑。

通过阅读和学习科学家传记，一是可以更深刻地理解科学家们特别是那些在重大历史转折关头做出了伟大贡献的科学家的科学思想和创新方法，二是可以更鲜活地了解到科学家们的科学精神和品格作风，三是可以从科学家们的各种成长经历中得到启发。

本丛书所收录的200多位中外著名科学家（个别其他学者）的传记，全部都来自中国科学院1979年创刊的《自然辩证法通讯》杂志。该杂志从创刊伊始就设立了一个科学家人物评传的固定栏目，迄今已逾四十年，先后刊登了200多篇古今中外科学家的传记，其中包括文艺复兴时期的欧洲科学家、远渡重洋将最初的西方近代科学知识带到中国的欧洲传教士，当然大部分都是现代科学家，例如数学领域的希尔伯特、哈代、陈省身、吴文俊等，物理学领域的玻尔、普朗克、薛定谔、海森伯、钱三强、束星北、王淦昌等,以及天文学、地学、生物学、计算机科学和若干工程领域的科学家。值得指出的是,这些传记文章的作者,大都是在相关领域学有专长的专家学者。例如:写过多篇数学家传记的胡作玄先生,是中国科学院原系统科学研究所的研究员;写过多篇物理学家传记的戈革先生,是中国石油大学的物理学教授;此外还有北京大学、清华大学、上海交通大学、中国科技大学等多所国内著名大学的教授,以及中国科学院、中国医学科学院和中国科技协会等研究机构的专家。所以,这些传记文章从专业和普及两个角度看,其数量之多、涉及领域之广、内容质量之上乘、可读性之强,在国内的中外科学家群体传记中都可以说是无出其右者。

考虑到读者对象的广泛性,本丛书对原刊物传记文章进行了重新整理编辑,主要集中在如下几个方面:一是在总体设计上,丛书共分30册,每册收录8个人物传记;二是基本按照学科领域来划分各个分册;三是每分册中的人物大致参考历史顺序或学术地位来编排;四是为照顾阅读的连续性,将原刊物文章中的所有参考资料一律转移到每分册的最后,并增加人名对照表。

当前,中国正处在从制造大国向创造大国转变、急需更多科技创新和科技人才的重要历史时刻,希望本丛书的出版对于实现这个伟大目标有所裨益,也希望对广大青少年和其他读者的学习生活有所帮助。

001
蔡元培　中国近代科学和教育事业的奠基者

029
梁启超　中国现代启蒙运动的先驱

059
虞和钦　近代科学中国化的实践者

083
曹云祥　20 世纪 30 年代中国的"泰勒"

103
任鸿隽　中国现代科学事业的拓荒者

127
侯德榜　中国重化学工业开拓者

145
胡明复　中国科学事业开路人

171
杨杏佛　中国现代杰出的科学事业组织者和社会活动家

194
参考资料

196
人名对照表

蔡元培

中国近代科学和教育事业的奠基者

蔡元培

(1868—1940)

近代的中国，正处在由黑暗到光明、由半封建半殖民地社会到社会主义社会的伟大历史转折关头。在势不可当的革新潮流面前，一些人始终坚持反动立场，受到了历史的惩罚；一些人高举科学、民主的旗帜，推动了中国社会的前进，却未能坚持到底，最后退入顽固守旧的营垒；而更多的人则始终坚持革新，坚持进步，勇敢地站在时代潮流的前面。他们为神州的光复、民族的新生，为中国的新政治、新经济、新文化，终生奋斗不息。著名的民主革命家、教育家、科学家蔡元培（1868—1940），就是毕生追求进步，为祖国的独立富强做出了卓越贡献的先行者之一。

一、从翰林到民主革命家

1868年（清同治六年）1月11日，蔡元培出生于浙江省绍兴府的山阴县（今属绍兴）。他的父亲是钱庄经理。蔡元培行二，6岁入家塾，11岁时父亲病故，家中无力再延聘塾师，便辗转受业于别处，尤得其叔父的悉心指导。1884年（清光绪十年），蔡元培考中秀才，1889年应乡试中举。翌年，去北京应会试，又告捷。1892年（清光绪十八年）蔡元培25岁时补应殿试，被取为第二甲第三十四名进士，并被点为翰林院庶吉士。又过两年，应散馆考试，授职翰林院编修。

在科第仕途上，蔡元培可说是少年得志，一帆风顺，令时人钦羡。他靠着自己的天赋才能和刻苦攻读，不但使得家门荣耀，还一举打开了通向高官显宦、跻身封建统治集团的大门。

然而，正当蔡元培金榜题名青云有路的时候，清朝封建统治却已日暮途穷。内忧外患纷至沓来，震撼着这个年轻翰林的心。

1895年，清廷在中日甲午战争战败后，签订了丧权辱国的《马关条约》。消息传来，蔡元培悲愤万分。他感慨万端地写道："疆臣跋扈，政府阘葺，外内狼狈，虚疑恫愒，以成炀灶之计，聚铁铸错，一至于此，可为痛哭流涕长太息者也！"

蔡元培看到了问题的某种严重性，但还不了解当时的世界大势和中国社会的病根。19世纪末20世纪初，中国社会正在经历剧烈的动荡和痛苦的转变。资本帝国主义频频叩打着"中央之国"摇摇欲坠的封建壁垒。中国已经不可能照原来的样子生存下去了。封建统治集团企图"量中华之物力，结与国之欢心"，以维持自己的特权地位。而一批年轻的士子却首先敏锐地感到了危机的紧迫和改革的不可避免。他们纷纷睁眼看世界，如饥似渴地学习新的知识，介绍西方社会政治思想和文化。从林则徐到严复，便是走的这样一条新路。到蔡元培的时候，以康有为为代表的一部分读书人正在酝酿依靠封建统治上层中的某些人进行变法。而民族资产阶级和下层民众中的觉悟分子已开始准备推翻清王朝的武装革命运动。大变革的时代迫使每个人都面临着一次重大的抉择。

对于蔡元培来说，这就意味着要抛弃已经到手的功名利禄，已经习惯的生活方式，已经驾轻就熟的治学之道，一切从头做起。而这将是一条不无风险的艰苦的路程。蔡元培顺应了时代的潮流，向着光明迈出了决定性的一步。

在翰林院的几年，蔡元培除了以与过去显然不同的眼光阅读古代典籍，还留心于世界事物，孜孜不倦地攻读维新派的译著，如马建忠的《适可斋记言》，郑观应的《盛世危言》等。

为了给"博览西文群书"找到一条捷径，他32岁时开始学习日文。这个时期，他还接触了某些自然科学方面的书籍，如《电学源流》《量光力器图说》等。这一切，给蔡元培展现了一个未尝领略过的全新的世界。

"都无作官意，惟有读书声。"蔡元培写在京师寓所中的这两句古人的句子，准确地概括了他在翰林院几年的实际况味。这已不是封建士大夫的故作清高，而是时代巨变的反映，是他酝酿着在人生历程上第一次飞跃的具体表现。

1898年，戊戌变法由于封建顽固派的反对和血腥镇压而中途夭折。蔡元培没有参加这个运动。他同情维新派的政治主张，而且"于戊戌六君子中，尤佩服谭复生（嗣同）君"，却不赞成他们的办法。蔡元培后来曾经说起："康党所以失败，由于不先培养革新之人才，而欲以少数人弋取政权，排斥顽旧，不能不情见势绌。"后来他终生重视教育和人才培养，可以说正是有鉴于此吧！

变法是失败了，以此为契机，蔡元培却看清了清廷的政治改革已"无可希望"。1898年9月，蔡元培愤然携眷出都，南下从事教育，并走上了秘密革命的道路。他从一个清朝的名翰林，变成了封建的叛逆者。

从 1899 年到 1906 年，蔡元培在浙江、上海一带从事教育、文化和宣传工作，编撰进步报刊，试行新法教育，并曾参加组织中国教育会和爱国学社，分任会长和总理。这个时期，蔡元培同资产阶级革命家章炳麟、邹容等过从甚密。他积极为《苏报》撰稿，支持章、邹的革命活动。《苏报》案发生以后，他又参加了营救活动。

1903 年，为了反对沙俄帝国主义长期霸占我国东北的图谋，中国人民掀起了一个抗俄、拒俄的群众运动。蔡元培联合上海爱国知识分子，通电全国，促请各界奋起抗争。他们经常在张园举行讨论会、讲演会，"颇足发人爱国之诚"。爱国学社组织了抗俄义勇队，蔡元培毅然剪去辫子，着操装，与教员、学生一起接受军事训练。他们还在爱国女学试制炸药，为推翻清朝进行军事暴动和暗杀的准备。在蔡元培的组织领导之下，爱国女学、爱国学社和中国教育会实际上已成为反清革命组织。1904 年，光复会成立，蔡元培被推举为会长，并促成陶成章与徐锡麟的联合。1905 年，他秘密加入同盟会，并担任了上海分部负责人。

投身革命的蔡元培，继续探索着救国救民的道路。

二、重新学习

1907 年 5 月，南国已是杂花生树，春意盎然，西伯利亚的原野却到处可以见到尚未消融的皑皑白雪。一列火车喷着烟雾，在光秃秃的白桦林中由东而西吃力地爬行着。一扇车窗前，坐着一个面容清癯的中年人。一双有神的眼睛透露出东方人特有的沉着和凝重，并显示着决心，充满了希望。他就是随同新任清朝公使孙宝琦前往德国的蔡元培。他要去欧洲，去重新学习。

前一年秋天，清廷准备派遣一批翰林院编修出国留学。蔡元培听到消息后，立即赶到北京，等候派遣。但清廷的这一套"新政"本来就是虚应故事，并不认真，而翰林院中又很少有人愿意离乡背井，去吃游学之苦。派遣还没有开始，就宣告流产了。但蔡元培仍不死心，不能官费留学，那就"半工半读"。他终于得到了孙宝琦的帮助，每月可支银30两，又商定为商务印书馆编书，以稿酬补给家用——要知道，这时的蔡元培已经是三个孩子的父亲了。

19世纪和20世纪的交替期，人类对自然、社会及人类自身的认识，都有了飞跃的发展。自然科学方面，居里夫妇发现放射性元素钋和镭，爱因斯坦的相对论，冯特的实验心理学和弗洛伊德的精神分析法，孟德尔关于遗传原理的重新发现，马可尼和波波夫发明的无线电传播进入实用阶段……这一切，标志着20世纪开始的科学技术革命的凯歌行进，给欧洲社会生活的各个方面带来巨大的冲击，深刻地改变着人们的思维方式，也不能不给身临其境的蔡元培以有形和无形的影响。数十年后，他还在《申报月刊》上撰文，无比神往地谈起当时人类文化的这些巨大进步。

1908年秋，蔡元培进了莱比锡大学。这是一所有500年历史的著名的高等学府，设备齐全，师资雄厚。以首创实验心理学、使心理学从哲学中独立出来成为一门近代科学而著名于世的冯特教授，正在这里开设心理学和哲学史的课程。蔡元培一到这里就选了他的这两门课。此外，还听福恺尔的哲学、兰普来西的文明史、司马罗的美术史及有关文学课。他如饥似渴地学习着，这是他第一次比较系统地接触西方文化。从儒、墨、道、法到康德、黑格尔，从汉唐盛世到文艺复兴，从李白、杜甫到歌德、莎士比亚，这不能不说是一个巨大的变化。此时此地，蔡元培决不鄙弃中国古代的灿烂文化，但他更热烈地追求带着新鲜气息的资产阶级学术思想，认为这一切也许更适合近代中国的需要。

作为国学大师的王国维，曾经着力宣扬康德的哲学思想。他从儒家，特别是宋明理学的渊源出发，特别强调康德的唯心主义的不可知论。这是一种无所作为的论点。而作为资产阶级民主主义者，蔡元培更欣赏康德的二元论的本体论。他主张，本体与现象、哲学与科学各有自己的领域，要区别看待，不应该笼统地加以描述，其用意在于提倡科学，反对陈腐不堪的儒学和宋明理学。他认为只有这样，科学才能发展，世界才能进步。在历史的转变时期，这种二元论具有某种进步的意义，它固然是中国资产阶级的软弱性、不彻底性在文化思想上的反映，但又表现出强烈要求改变现状的进取精神。

在德国的最后两年，蔡元培学习的兴趣逐渐集中在美学方面，以至成为终身的爱好。暑期，蔡元培经常出去旅行，考察各地的风土人情、文化设施、建筑艺术，经常流连于美术馆和博物馆。他为欧洲文艺复兴时期的艺术杰作而倾倒，无限向往当时的人文主义和科学精神，更加希望"中国的文艺中兴"早日到来。

在德国留学期间，他还特别注意西方大中学校的教学方法和课程设置，特别欣赏大学开展的学术研究和科学实验及在自学的基础上进行讨论辩驳的学习方法。那里"重推悟不重记忆"、"尚感化而不尚拘束"、师生平等融洽相处的特点,给他留下了深刻的印象。这一切,为他回国之后即着手进行的中国教育改革提供了良好的借鉴。

1911年10月中旬,蔡元培正在维坎斯多夫的一所中学参观访问,报纸上登出了武昌起义的消息。他惊喜万分,立即前往柏林,联络留德学生,注意国内革命的发展。他们自己凑了钱,向国内各省当局拍了电报,敦促他们响应革命。一个月后,蔡元培回到了离别数载的祖国,在上海参加了筹建中华民国的各省代表会议。年底,孙中山就任临时大总统后,任命45岁的蔡元培为临时政府教育总长。

1912年元月,蔡元培发表了"对于教育方针的意见",宣告破除以"忠君""尊孔"为纲领的封建教育,建立包括军国民教育、实利教育、公民道德、世界观和美育等内容的近代资产阶级教育体系。之后,并积极着手进行一些具体的改革,如废除读经,改变学制,修订课程,小学实行男女同校,推行义务教育及社会教育等。

但为时不久,以袁世凯为代表的封建官僚政客,施展种种阴谋手段,攫取了大权。议院有名无实,内阁形同虚设。蔡元培,这个正直的知识分子,当然不能与野心家、阴谋家为伍。他邀同宋教仁等同盟会会员宣布退出内阁,不与袁世凯合作,并发表了《蔡元培答客问》的宣言。

1912年9月和1913年9月,蔡元培又两度挈妇将雏,前往德国和法国,继续其学业。他同李石曾、吴玉章等人一起组织和提倡留法勤工俭学,还会同中法有关人士成立了华法教育会,企图以法国系统的科学和美术为师,促进中西文化交流。此后,中国共产党许多优秀的领导者就是在留法勤工俭学时接触了马克思主义和西方工人运动,走上无产阶级革命道路的。

1913年夏,因宋教仁被刺案,蔡元培曾应孙中山电召回国,参加反对袁世凯的斗争。

这几年,蔡元培风尘仆仆,往来跋涉于祖国和欧洲大陆之间,说明他一方面为祖国的命运和革命的前途忧心忡忡,总想为之聊尽绵薄,另一方面又不愿意陷进密如蛛网的政治阴谋和使人眼花缭乱的权力之争,便退而在学术研究中求得内心的安宁。这是一个矛盾。这个矛盾不仅曾经在各个时期不同程度与蔡元培终生相随,而且也可以说是旧中国许多知识分子想要摆脱而又无法摆脱的一个"幽灵"。

三、开创风气,改革教育

1916年9月1日,正在巴黎左近的科隆布镇居住的蔡元培接到从北京发来的一封电报:"蔡鹤卿先生鉴:国事渐平,教育宜急。现以首都最高学府,尤赖大贤主宰,师表群伦。……特专电敦请我公担任北京大学校长一席,务祈鉴允。早日归国……"电报是袁世凯死后北京新政府的教育总长、他的朋友范源濂发来的。盛情难却,蔡元培又何尝愿意蜗居异域,而不想回到国内展其所长,做一番事业呢?他立即买好船票,欣然返棹。

北京大学的前身是清朝京师大学堂。虽然民国成立已经好几年了,它的腐败习气依然故我。学生当中,不少人把上大学当作"举业"，只想弄个文凭，作为将来的进身之阶。不少教员不学无术，尸位素餐。学校管理上，衙门习气严重，校长独断专行，等级森严，上下闭塞。而上课之外，没有任何健康的活动，纨绔子弟的恶劣作风到处弥漫。总之，这里少的是学术研究的空气，多的是封建复古主义思想。而这一切，又是以北洋军阀反动统治为其深刻的社会背景的。真是困难重重，积重难返。蔡元培从国外回到上海时，就有相当多的友人劝他不要来就职，免得骑虎难下。但他认为，正是因为腐败，才需要人去整顿；不应该害怕失败或有过多的个人考虑。特别是因有孙中山先生的竭力主张，认为他的就职有利于向北方传播革命思想，他便毅然北上了。

从 1917 年年初到 1923 年年初，是蔡元培在北大实际主持校政的时期。除了形势的发展、革新派力量的壮大等客观因素，一个革命者的胆略、对教育事业的热忱和深厚的学术素养这些个人条件的综合，使蔡元培能排除种种阻力，大刀阔斧地进行了一系列改革整顿，如改造教师队伍，提倡科学研究，保障学术自由，改变领导和教学体制，首创男女同校和提倡平民教育，等等。这些措施，就像阵阵春风，驱散了笼罩着中国教育界那种令人窒息的沉闷空气。短短几年之间，北大的面貌发生了巨大的变化，被改造成为一所新型的现代意义上的大学。由于北大是近代以来中国的最高学府，它的革故鼎新，在教育界具有打破坚冰和带动全局的重要意义，大大推动了全国教育事业的进步，成为中国近代教育改革的良好开端。

经过半生奔波，蔡元培终于有了一个能够一抒所怀、认真实践自己的理想和抱负的天地。他心中的喜悦和精神的亢奋都是可想而知的。

为了办好北大，蔡元培求贤若渴。事实证明，只要方针正确而坚定，便不乏具有真才实学的人才，即使是在当时的中国。他顶着压力，裁汰了一批不称职的中外教员，同时，到校不满十天，就请来高举"科学和民主"大旗的《新青年》主编陈独秀担任文科学长。这样，他就有了一个支点，一个能够把旧北大整个颠倒过来的支点。理科方面，则请知名的相对论物理学家夏元瑮主持。在蔡元培的罗致下，文科如李大钊、鲁迅、胡适、钱玄同、刘半农、高一涵、沈尹默、马叙伦、杨怀中，理科如李四光、任鸿隽（叔永）、颜任光、翁文灏、李书华，法科如陈启修、马寅初等学者，翕然而至，济济一堂。其中如李四光，是蔡元培亲自写信到伯明翰大学，请他万里来归的；马寅初则刚从美国学成归来，由他聘到北大任经济学教授。北大，就像一个行将夭折的病人，在得到如此源源不断的新鲜血液的补充之后，第一次真正获得了自己的青春。这样一个强大的革新营垒和各科教学的中坚，保证了北大成为新文化运动的中心和具有全国最高学术水平的高等学府。

蔡元培认为，大学是学术研究的机关，而"人才至为难得，若求全责备，则学校殆难成立"。因此可以不问其政治态度、学术派别、年龄大小、有无学位及个人品性，只要是学有专长而又热心教育和学术研究，他都积极延纳。在这个方针的指导下，北大教师队伍的结构改变，力量充实，面貌焕然一新。到1918年，全校的200多位教员中，教授的平均年龄只有30多岁，多数人倾向革新。不仅如此，蔡元培还将西方的代议制度引入学校管理，先后建立了学校的评议会、行政会议、教务处,以及各系的教授会,分别成为校系的最高权力机关和教学领导机构。这就从体制上保证了人尽其才,使教员有职有权,充分发挥他们在教学和科研中的作用。

蔡元培一生坚持不懈地反对宗教和迷信,重视科学和美学的教育。他到北大的第一次演说中就提出"大学学生,当以研究学术为天职",要大家以"研究高深学问"为自己的宗旨。他将旧北大文、理、法、工、商五科并立改为以文、理两科为主,设十四门(系),这就突出了学术的地位。他还提倡学文学和哲学的要学自然科学,以免陷于空疏,没有根基;学自然科学的则应学习哲学。这改变了过去文理互不相关、各各抱残守缺的落后局面。他提倡和支持学生建立学会、创办刊物,开展各种学术研究活动。还实行学分制,便利学生根据自己的爱好和专长选修学科,以便因材施教,快出人才。

痛感于中国科学文化的落后,蔡元培十分注意学习西方先进的科学文化。他重视派遣留学生出国学习,以"留待校中将来聘请",并弥补国内人才的严重不足。他同欧美许多著名学者和科学家建立了联系,邀请他们来中国讲学。1920年底至1921年秋,蔡元培再次出国,考察欧美各国教育和科学研究机关。1921年3月8日,他专门访问了著名物理学家居里夫人;同年春天,他又同夏元瑮一起访问爱因斯坦;邀请他们两位到中国讲学。这两次拟议中的访问后来都因故未能实现,人们仍然为蔡元培促进中国科学文化发展的一片苦心深深感动。

针对几千年封建专制统治的流毒和当时的思想钳制,蔡元培在北大明确地提出了"思想自由，兼容并包"的主张，他在概括自己在北大的经验时说过一段脍炙人口的话："我对于各家学说，依各国大学通例，循思想自由原则，兼容并包。无论何种学派，苟其言之成理，持之有故，尚不达自然淘汰之运命，即使彼此相反，也听他们自由发展。"当然蔡元培对待各种学说，是主张通过竞争，使新的成长壮大，使旧的归于消亡，他曾经用"洪水"来比喻新思潮，以"猛兽"作为军阀的写照，就是证明。这是一个符合科学文化发展的客观规律的方针，是为新思想、新文化的胜利进军开辟道路的。在他的倡导之下，北京大学（也是近代中国的学术界）第一次出现了百家争鸣的生动活泼的局面。

在十月革命以后，马克思主义传入中国，李大钊、邓中夏等人先后组织了"北京大学社会主义研究会"和"北京大学马克思学说研究会"，根据学术自由的方针，也都得到了蔡元培的亲自批准和支持。这两个研究会的活动，极大地推动了马克思主义在中国的传播。蔡元培不是一个马克思主义者，但他是一个真正的民主主义者，他诚心诚意地追求真理和社会正义，他并不害怕到处游荡的"共产主义的幽灵"。他的这种胸襟和气魄，是没落时期的地主、资产阶级难以望其项背的。

事情正是这样，1919年3月，桐城派古文家林纾在《公言报》上发表了致蔡元培的公开信，攻击北京大学"覆孔孟、铲伦常""尽废古书，行用土语为文字"。校内的守旧派和落后学生则散布所谓陈独秀、钱玄同等新派教员被驱逐的谣言，蛊惑人心。北洋军阀政府也蠢蠢欲动，甚至谋以武力威胁。一时间，大有黑云压城之势。

在新文化运动面临被反动派扼杀的紧急情况下，蔡元培坚定不移，寸步不让。4月1日，他发表了《致〈公言报〉函并附答林琴南君函》，重申了"思想自由，兼容并包"的原则立场，驳斥了林纾的无理攻击。这一正义行动，得到北大和全国各地革新派的支持和声援，打退了守旧派的进攻，维护了新文化运动的成果。

然而，中国正是多难之秋，看似平静下来的空气中，正在孕育着新的风暴。

1919年5月3日，一辆马车飞快驶进东城东堂子胡同，停在北大校长蔡元培的住宅门前。从车上下来的，是神情焦急的徐世昌政府外交委员长汪大燮。他带来了一个事关重大而又紧急万分的消息。

原来，在刚刚结束的第一次世界大战中，德国战败。中国人民久已强烈要求收回德国强占我山东的各种权利。但在巴黎和会上，各帝国主义互相勾结，竟然决定将这些权利全部交给日本。消息传来，中国人民愤怒无比，一致反对。而北洋政府却令中国代表在这一丧权辱国的《凡尔赛和约》上签字。蔡元培得知这个消息后，立即于当晚召集北大学生代表，通报了这一迫在眉睫的严重情况。第二天，具有伟大历史意义的、轰轰烈烈的五四爱国运动爆发了。

5月6日，蔡元培又亲赴警厅，以自己的身家作保，要求释放在游行示威和火烧赵家楼中被捕的学生。5月7日，他面带笑容，眼含热泪，以从未有过的激动心情，在北大广场上欢迎这批英雄学生的归来……

作为一个教育家，蔡元培从来就主张教育独立，认为政府不应干预教育，学校师生也不宜过问政治。他多次重申过这一主张。然而，他并没有忘记"天下兴亡，匹夫有责"的古训，更不能无视惨痛的现实。在民族危亡的严重关头，他总是挺身而出，冒险犯难，尽了一个革命家和爱国者的天职。

五四运动是中国现代史的开篇，是彻底地反帝反封建的新民主主义革命的发端，具有划时代的意义。而正是北京大学成了五四运动的发源地，这是同蔡元培全力支持和提倡的科学和民主的精神，同他始终坚持和贯彻的办北大的方针直接相关的。蔡元培以一个大学校长的身份，做出了深刻地影响中国社会进程的、不可磨灭的历史贡献，对自己国家的进步起了巨大的作用。历史发展到今天，人们更加感到蔡元培的气概非凡，目光如炬。

迫于政治的黑暗，反动派的处处掣肘，在北大期间蔡元培曾经几度辞职。由于他在人民群众中享有的崇高威望，每次辞职都无异是对反动派的无情揭露和当头棒喝。1923年年初，为了反对任命"早已见恶于国人"的政客彭允彝当教育总长，反对当局对于人权的侵犯，蔡元培发表《不合作宣言》，并再次辞去北大校长职务。

"欲渡黄河冰塞川，将登太行雪满山。"在豺狼当道的旧中国，蔡元培无法将自己的理想完全付诸实现，他终于走了。从此以后，再也没有回到北大。但是他给北京大学留下了革新的精神，创造的勇气，和追求真理的热烈而执着的信念。他亲手播下的种子，在旧世界贫瘠的土壤里，顽强地保持着自己的生命力，一旦春回大地，就要开出鲜艳的花，结出丰硕的果。

1923年7月，蔡元培再次赴欧，先后旅居比利时和法国，进行学术研究和中西文化交流的活动。五卅运动发生后,他发表了《为国内反对英、日风潮敬告列强》一文,驳斥了帝国主义者对中国人民的正义斗争的诬蔑,要求帝国主义无条件废除对中国的不平等条约,显示了一个爱国者决不屈服于帝国主义的压力和争取民族独立自由的坚强决心。

1926年2月,蔡元培应北洋政府教育部电促回国。到上海后,他没有继续北上,而是参加了皖苏浙三省联合会,配合即将开始的北伐战争开展工作。四一二反革命政变时,蔡元培以"中央监委"的身份,参加了国民党右派的"清党"运动。但为时不久,他就觉察了蒋介石背叛孙中山的三民主义、与人民为敌的罪恶行径,再加上国民党新军阀之间争权夺利的火并和肮脏的政治交易,新贵们利用"教育""学术"的名义沽名钓誉和实现个人野心,这一切,都同元老兼学者的蔡元培格格不入。他要急流勇退了。

四、科学:新的高度

有人曾经把中国科学社的创始人们誉为我国科学的拓荒者,我们也可以说,蔡元培是把科学作为国家事业从而做了许多开创性工作的一个奠基者。

1924年孙中山离开广州到北京时,曾提出召集国民会议以解决国是的主张,同时还建议设立中央学术研究院,作为全国最高学术研究机关,但因孙中山的逝世和时局变化,这一建议没能实现。到1928年4月,根据蔡元培等的提议,国民党中央政治会议决定设立国立中央研究院(以下简称"中研院"),并任命蔡元培为院长。8

月,他提出辞去除此而外的几乎所有在国民党及其政府中的职务,举家离开国民党政治中心的南京,定居上海。在蔡元培的一生中,这是又一次重大的抉择。他是想以"中研院"院长的资格,把自己晚年事业的重点,全部转移到发展中国近代科学事业上去。

五四运动以后,科学和民主的思想在我国日益深入人心。先进的中国人高举这两面旗帜,以不同的方式探索继续前进的道路;走在最前面,起着主导作用的,是伟大的中国共产党。只有社会主义才能救中国,并为科学和民主的高度发展扫清障碍。蔡元培当然还没有这样的认识。他是革命民主主义者,又是一个科学救国论者。他只是在自己的认识水平和力所能及的范围内,力图为自己的祖国和人民做一点决非可有可无的事情。

蔡元培认为科学是社会进步的杠杆,他说,科学在"农工商的应用……在西洋,这三项都极猛进。而我国自古以农立国,工业一途,亦发达极早,何以到了今日都远不如他们呢?这便因他们有科学的缘故"。而"欧化优点即在事事以科学为基础:生活的改良,社会的改造,甚而至于艺术的创作,无不随科学的进步而进步"。他把科学作为新文化的核心,认为中国"不言新文化就罢了,果要发展新文化,尤不可不于科学的发展,特别注意"。

然而直到20世纪20年代末,中国还没有建立国家一级的正式的科学领导和研究机关。一批批热心的科学工作者先后自发地成立了数十个民间的科学会社(如著名的中国科学社)。但因政治的恶劣,经费、条件的限制,困难重重,难以发展。对此,蔡元培总是尽其所能地给予扶持和帮助。至于专门的研究所,创始于1918年的北京大学,但因附设于学校,条件终归有限,蔡元培始终是不满意的。

1928年6月9日,蔡元培在上海东亚酒楼主持了"中研院"的第一次院务会议,出席者有丁燮林、陶孟和、竺可桢、李四光、杨杏佛、周仁等十余人,正式宣告"中研院"成立。由此,蔡元培得到了继北京大学之后再一次施展平生理想和抱负的难得的机会。为了办好"中研院",为了发展中国的科学事业,实现孙中山关于迎头赶上外国的遗愿,他确实做到了鞠躬尽瘁,死而后已。

"中研院"的组织,在院长之下分为总办事处、评议会和研究机构三个部分。总办事处设总干事一人,协助院长领导全院的行政工作。评议会是全国最高学术领导机关,任务是指导学术研究的方向,集中国内人才,联络各个研究机构,促进中外学术交流。研究机构则包括各个研究所及图书馆、博物馆等,是"中研院"的主体和中坚。在蔡元培生前,"中研院"建立了物理、化学、地质、天文、工程、动植物、气象、心理、社会科学、历史语言等十个研究所。先后参加研究工作的科研人员有300多人。据1931年3月的统计,已有研究人员270人,其中专任研究员49人,兼任研究员5人,特约研究员44人,名誉研究员2人,助理员120人。有的研究所已具有相当的规模和可观的条件。

在"中研院",蔡元培坚持了他在主持北京大学时行之有效的学术自由、民主管理、发掘和放手使用人才等基本原则。

在1936年4月召开的第一届评议会第二次年会上,蔡元培提出了一个《工作大纲》,其中就特别强调了"学院自由"的精神,认为"学院自由,正是学术进步之基础"。这个方针,又在相当程度上抵制了国民党反动政客和学阀插手"中研院"的野心,保护了广大科学研究工作者,有利于他们的工作和事业。

学术自由和民主管理的原则,吸引了众多的科学工作者,使他们有一个差强人意的归宿。相当一批留学海外的学者也纷纷来归。例如,中国科学社的创始人和重要成员任鸿隽、杨杏佛、秉志、周仁等都参加了"中研院"的工作,并成为骨干力量。"中研院"集中了一批在学术上造诣很深的专家学者,并第一次使我国近代科学事业出现了一个相对繁荣的局面,这在旧中国恶劣的环境中,是至为难得的。

在不长的时间里,"中研院"的工作便走上了轨道,见到了成效。这特别表现在维护民族尊严和国家主权方面。

蔡元培建议设立"中研院"的一个重要宗旨,便是抵制帝国主义的侵华政策。在"中研院"1928年的总报告中,就明确地说明:"其责任不仅在格物致知,利用厚生,树吾国文化与实业之基础,且须努力先鞭,从事于有关国防与经济之科学调查及研究,以杜外人之觊觎。"

"中研院"成立之前,帝国主义国家派人来中国"考察",可以不经中国政府当局的允许,到处乱窜,如入无人之境。"考察"之后,又把采集的标本全部运往国外。中国学者想要研究本国的动植物等,反而要到外国去,这是十分有损我国的国际声誉、不利于科学发展的。"中研院"成立之后,"即筹思限制办法",逐步改变了这种状况。例如,1929年9月,日本派岸上镰吉来华调查水产动物;

1930年11月，美国芝加哥费氏自然历史博物馆派人到四川、贵州采集动物；1931年2月，美国费城自然科学研究院派人到四川、云南考察动物和民族，"中研院"都提出了限制办法。除了在各个考察团中都派有中国学者参加，还规定不许他们任意采集标本；所得标本要经"中研院"专家严格检查；要给"中研院"留下一套复本；等等。对于违反这些规定、有损中国主权的行为，中国政府得严加制裁，并永远取消该调查员及所属机关在中国进行调查采集的权利。

日本法西斯发动对我国的侵略战争以后，"中研院"以相当的力量投入了有关抗日救国的科学研究，如工程所的内燃机和燃料的研究，物理所的超短波收发机的研究，地质所的山区矿产地质的调查与报告，等等。由于国民党政府的反动腐朽，强敌深入，国难日亟，这一切努力都不能收到应有的成效。

在"中研院"内部，曾经广泛地讨论过"纯粹科学"（即基础科学）与"应用科学"的关系和地位问题。看法当然不尽一致。蔡元培在《工作大纲》中提出了"两者兼顾、不可偏废"的方针，但在当时的基础和条件下，主要的力量仍放在应用科学的研究上，正如蔡元培说的，"对于各项利用科学方法以研究我国之原料与生产诸问题，充分注意之；其为此时国家或社会所急需者，尤宜注意"。而"地域性之研究，吾人凭借大优于外国人……宜尽先从事"。根据这一思想，也由于历史的原因，"中研院"（实际也是当时整个中国科学界）在地质和生物这两门学科的研究上，取得了更为引人注目的成就。

在不长的时间里,"中研院"汇集和涌现了一批杰出的科研领导者和学术带头人,如李四光、丁文江、翁文灏、秉志、胡先骕、丁燮林、王琎、任鸿隽、庄长恭、周仁、竺可桢、茅以升等,他们在各自的领域里,都取得了相当重要的成就。

"中研院"成立之后,还派出多批学者,参加国际学术交流活动。如竺可桢的《中国气候区域》的学术著作,秦仁昌关于中国蕨类植物一个新科的发现,李四光的《东亚构造格架》和《中国震旦纪冰川》的学术报告,都在国际会议上进行了交流,受到世界科学界的重视和好评。

"中研院"的科学工作者以自己的工作,为学术发展做出了贡献,也为祖国争得了荣誉。它第一次向全世界宣告:中华民族不但能够创造出灿烂的古代文化,而且在近代先进科学技术方面,也同样具有比肩欧美各国的巨大潜力。1933年12月8日,在14个学术团体联合举行的欢迎意大利著名无线电发明家马可尼的大会上,蔡元培豪迈地说:"我们先人曾有过伟大的贡献。我们只要肯努力,绝不是束手无策,专趁现成的。"事实证明,蔡元培的这种信念是完全正确的。

1949年中华人民共和国成立后,作为国家一级的科学研究机构,"中研院"的几乎全部人员和设备(除一个历史语言研究所和半个数学所外),都回到了人民的怀抱,成为建立真正属于人民的中国科学院的一个坚实基础。人民在庆祝自己的胜利,他们当然不会忘记那些曾经为祖国的科学事业含辛茹苦、披荆斩棘的拓荒者和奠基者。

五、志在民族革命，行在民主自由

> 枫叶红于二月花，故乡乌桕荫农家。不须更畏吴江冷，自有温情慰晚霞。

这是蔡元培在逝世前一年多写的四绝句之一。咏的是红叶，实际上也是他晚年精神面貌的写照。

蔡元培一生最后的十多年，正是第二次国内革命战争和抗日战争的前半期。这个时期蔡元培一直担任"中研院"院长，他始终和人民休戚与共，同进步力量携手并肩。他不仅在科学事业上为中国人民做出了杰出的贡献，而且在反对投降卖国、维护社会正义和坚持革命民主主义等方面也谱写了新的篇章。

20世纪30年代前半期，国民党反动派鼓吹法西斯主义，建立特务统治，残杀共产党人和革命青年，迫害爱国进步人士，达到了疯狂的程度。蔡元培痛心疾首。为了替中华民族保存一点元气，他拍案而起，进行了毫不妥协的斗争。1932年12月，他与宋庆龄、杨杏佛等发起组织了中国民权保障同盟，任副主席，为反对国民党反动派践踏民主、屠杀无辜，为争取人民的集会、结社、言论、出版等自由权而斗争。而当胡适在上海《字林西报》上发表为国民党反动派政权辩护、攻击同盟的言论后，蔡元培立即和宋庆龄一起，宣布开除胡适的盟员资格，表明了他坚持彻底的革命民主主义的原则立场。在这前后的几年间，他曾尽力营救过的共产党人和进步人士，就有杨开慧、胡也频、牛兰夫妇、许德珩、侯外庐、丁玲、李少石、邓演达、范文澜等多人，还有不少青年学生。蔡元培的心，始终是向着人民的。

蔡元培把中国无产阶级文化的先驱鲁迅引为知己。他与鲁迅在一系列重大的原则问题上，一起战斗，患难与共。1936年10月，鲁迅在上海逝世。蔡元培"不顾权贵者的愤怒"和宋庆龄等一起组成治丧委员会，他万分沉痛地亲为战友执绋送殡，并在安葬时致悼词。以后，蔡元培又担任了鲁迅纪念委员会主席，推动《鲁迅全集》的出版，并为之作序，赞誉鲁迅是中国"新文学开山"。正如郭沫若在《鲁迅与王国维》一文中所说的："影响到鲁迅生活颇深的人，应该首推蔡元培先生吧。这位精神博大的自由主义者，对于中国文化教育界的贡献十分宏大，而他对鲁迅先生始终是刮目相看的。鲁迅的进教育部乃至进入北京教育界都是由于蔡先生的援引，一直到鲁迅的疾殁，蔡先生是尽了他没世不渝的友谊的。"

当国民党反动派向中国无产阶级和革命人民展开文化围剿，攻击诋毁马克思主义的时候，蔡元培又一次举起了学术自由的旗帜。1929年年底，他为李季的《马克思传》作序，指出"今人以反对中国共产党之故，而不敢言苏联，不敢言列宁，驯致不敢言马克思，此误会也"，认为在中国编印《马克思传》"亦为当务之急"。1933年3月，是马克思逝世50周年，他又与陶行知、李公朴、陈望道、叶恭绰等100多人发起纪念会，并在上海青年会举办的讲座上主讲了《科学的社会主义概论》。这些堂堂正正的行动，在白色恐怖和思想浊流中无异中流砥柱，令人钦佩和感奋。

1931年九一八事变以后，国民党政府奉行"安内攘外"的反动政策，对内扼杀革命力量，对日本的侵略退让妥协。这是蔡元培所不能容忍的。早在1931年7月，蔡元培就认为对日问题"要彻底解决，非合全国同胞的力量，从基本工作上做起不可"；"急起直追，尚有可为，若再因循，就不可救药了"。他曾在汪精卫的一次宴请的席间，奉劝汪改变亲日行为，推进抗战的国策。他说："关于中日的事情，我们应该坚定，应该以大无畏精神抵抗；只要我们抵抗，我们的后辈也抵抗，中国一定有出路。"情辞剀切，乃至抑制不住流下了热泪。眼泪当然感化不了决心卖国求荣的汪精卫之流，却足以说明蔡元培对国家民族的一片赤诚。这位把民族气节看得比生命更加重要的人，投入到逐渐高涨的抗日救亡运动的潮流中。他同情于爱国学生要求国民党改变投降政策的请愿示威活动，他几次联合文化教育界的爱国人士通电声明，向国际社会揭露日本侵略军在中国的血腥罪行……

七七事变以后，在内外压力下，国民党终于接受了中国共产党提出的停止内战、一致抗日的正确主张，开始了国共合作、全面抗战的新时期。这时的蔡元培已经过了古稀之年，但他仿佛又恢复了青春，心情是何等的振奋啊："由来境异便情迁，历史循环溯大原。还我河山旧标语，可能实现在今年？"他看到民族复兴有望，呼唤抗战胜利早日到来。1938年4月，吴玉章同志由欧洲返国，路过香港。这两位华法教育会的朋友又重逢了。在谈话中，蔡元培"犹欣欣然以国共能重新合作共赴国难，为国家民族之大幸"。

1939年7月，蔡元培被国际反侵略大会中国分会推举为名誉主席。12月7日,他为中国分会作会歌,表达了"独立宁辞经百战"和"将野心军阀尽扫除"的坚强决心。这是重病在身的蔡元培在迟暮之年发出的最后的呐喊。

1940年2月,陕甘宁边区自然科学研究会和延安各界宪政促进会先后成立,蔡元培被选入这两个会的名誉主席团。这有力地昭示:蔡元培毕生为科学和民主而战斗,勋劳卓著,在这两个方面都得到了中国无产阶级和革命人民的崇高评价。

1940年3月5日晨9时50分,蔡元培终因重病不治,溘然长逝于香港九龙寓所。这位心力交瘁的老人,终于撒手人间,别离了自己的亲朋战友,别离了自己献身的事业,别离了正在血与火的洗礼中顽强奋进的亲爱的祖国和人民。追念前贤,人民无限痛惜。全国许多省市举行了隆重的追悼大会,沉痛吊祭蔡元培先生。中国共产党中央委员会从延安发出唁电,称誉先生"为革命奋斗四十余年,为发展中国教育文化事业勋劳卓著,培植无数革命青年,促成国共两党合作",并派廖承志同志做代表,前往悼念。毛泽东同志的唁电称先生为"学界泰斗,人世楷模"。在延安各界一千余人举行的盛大追悼会上,周恩来同志献的挽联上写着:"……先生之志在民族革命,从五四到人权同盟,先生之行在民主自由。"这些,都科学地概括了蔡元培一生的志向和功绩,表达了全国人民发自内心的崇敬和怀念之情。

蔡元培的一生,正处在历史的转折关头,他始终跟随时代的步伐,一同前进。他是从封建礼教的熏陶中成长起来的,信奉中庸之道,后来又接受了资产阶级唯心主义哲学和无政府主义思想的巨大影响。但他思想的主流，是资产阶级的革命民主主义。他是一个忠贞的爱国者和真诚的民主主义者。这就决定了他在许多重大事件和关键时刻都能挺身而出，旗帜鲜明地维护民族利益和民主自由的原则，决定了他必然成为党所领导的新民主主义革命的同情者和赞助者。

蔡元培曾经说过自己"性近学术，不宜政治"。但综观他的一生，我们却应该说，他在当时的条件下较好地解决了政治和学术的关系问题。作为学问家，他并没有逃避自己应尽的社会义务和政治责任；作为政治家，他又高度重视科学文化的社会功能，并全力以赴地为中国教育的改造和科学的进步而奋斗。为此，他从不自足自满，不断学习新知，开阔视野，至老而弥笃。

蔡元培参加了我国辛亥革命以后近三十年间科学和教育事业的几乎所有重大实践活动，从事组织领导工作；兼任过数十个大学、中学、专门学校，以及学术团体的校长、董事等职。他承担了时代赋予的重大责任——为中国近代科学和教育事业立下百年不易之基。他桃李满天下，遗范传至今。他不愧为现代中国知识界的卓越前驱，是具有坚定信念和开创精神的亚伯拉罕。

蔡元培主要是一个社会科学家，但他的贡献却不仅仅在社会科学方面。他跨越了社会科学和自然科学的界限，一身二任，绝无畛域之见。他的思想确实是开放的，他的精神确实是博大的。在当今自然科学奔向社会科学的强大潮流面前，人们更加感到这种思想和精神的可贵。

蔡元培是名翰林，辛亥革命元老，学界泰斗，但他功高不居，处世谦虚。他毕生脚踏实地、兢兢业业地工作，视名利如敝屣。在原则问题上，他无私无畏，从不含糊敷衍；而平时的待人接物，却又宽宏大度，从无疾言厉色。他没有自己的派系，而得到绝大多数人的拥护；他处处平等待人，而人们都把他尊为导师；在生活上，他终生淡泊，绝不利用权位牟取私利。正因为如此，他得到的东西也就更为宝贵，更加久远……

(作者：刁培德)

梁启超
中国现代启蒙运动的先驱

梁启超

（1873—1929）

梁启超（1873—1929），号任公，是中国现代史上的一位伟人。他既是一位杰出的政治活动家，又是一位集编辑、政论家、教师、学者于一身的百科全书式的启蒙思想家。他做了大量启蒙工作，教育了不止一代的中国知识分子。中国新文化运动的领袖陈独秀、胡适，中国现代杰出的文学家鲁迅、郭沫若，中国第一代现代科学家丁文江等无一不受过梁任公的思想和文字的洗礼。青年时代的毛泽东因为崇拜梁任公，还取过"子任"的名字。遗憾的是，长期以来，由于种种原因，我们国内未能对梁启超一生多方面的贡献做出比较客观的介绍与公正的评价。本文因限于篇幅，只能对梁启超曲折的一生与重要的贡献做简略的介绍。

一、少年时代（1873—1894）

1873年2月23日（清同治十二年癸酉正月十六日），梁启超生于广东新会县熊子乡茶坑村。这是鸦片战争后的第33年，太平天国天京陷落后的第9年，清朝推行洋务也有10多年了。

梁启超的先世是明末南逃的难民，耕读传家。他自幼受祖父与父母的教育，熟悉中国古代豪杰的嘉言懿行，与宋明亡国时期的悲壮故事。他聪颖过人，7岁时便读完"四书""五经"，1884年（11岁）时考得秀才，仍参加农务劳作。在家好读《史记》。1885年去广州从师学习。1888年入学海学堂，习训诂词章文学。1889年（16岁）时参加广东乡试，中举人第8名。主考李端棻以妹与梁为妻。1890年春入京会试。路经上海，购得《瀛寰志略》，才知道世界上有五大洲与许多国家。

1890年与同学陈通浦听说康有为上书变法，不被采纳，回到了广东，慕名前去拜访。康批判了他们训诂词章的旧学，引起他们极大的震惊。康进一步向他们介绍了陆、王心学，以及史学与西学的梗概。梁、陈因此开阔了视野，十分佩服，共请康有为开馆讲学。

1891年，康有为讲学于广州长兴里的万木草堂，有学生近20人，梁是康的得意门生。康是当代的今文经学大师。他的讲学内容，不是当时通行的"四书""五经"、陈腐八股，而是以孔学、佛学、宋明理学（尤其是陆王心学）为体，以史学、西学为用，重点讲研今文经学，批判古文经学。在课堂上，康有为纵论古今中外天下大事，从西方文明，到救中国之法，讲数千年来学术源流，历史政治沿革得失，并与世界各国做比较，深受学生欢迎。康有为的《长兴学记》《新学伪经考》对梁的影响很大。梁等还参加了康有为的《孔子改制考》《春秋董氏学》的撰写。

该年冬十月，梁启超入京与李蕙仙女士完婚。1892年春，在京参加会试，夏又南归。在广东一年多，除学国学外，更读江南制造局所译西学及英人傅兰雅所辑的《格致汇编》。1893年曾在东莞讲学。1894年（光绪二十年甲午）二月入京。六月，甲午中日战争开始。梁对时局十分惋愤，不时发表救国主张，但人微言轻，不为他人所重视。于是发愤读书，攻数学、历史、地理，并开始广求同志，开倡风气的活动。七月，康有为的《新学伪经考》受到弹劾，梁在京为康多方奔走，结果由两广总督命令自行焚毁。十月又回广东。

二、年轻的维新志士（1895—1898）

1895年2月梁启超与康有为入京参加会试，从此完全脱离了万木草堂。在会试中，康有为被录取为进士。

1. 公车上书

该年3月，中日议和。梁启超十分愤慨，代表广东参加会试的公车190人上书，陈述时局，反对割让台湾。不久，康有为又联合公车3000人（另一说为1200、1300人）上书请求变法。梁启超也参与奔走、书写。内容一为拒和，一为迁都，一为变法。这是清朝200年来第一次大规模的知识分子运动，也是近百年来中国知识分子的第一次大规模的政治运动。但由于清廷顽固派的阻挠，这些上书都被打入冷宫，根本无法到达光绪皇帝的手中。

2.《中外纪闻》和强学会

康、梁等看到维新运动遇到的困难重重，决定从制造舆论、提倡新学、开通风气和组织团体几方面入手，以打开局面。1895年夏，康有为创办《万国公报》（后改为《中外纪闻》，随《京报》发行），每天送1000多份给在京的王公大臣。梁启超、麦孟华是这个刊物的主要撰稿人。他们写了大量文章，努力介绍西方国家的政治、经济、文化等方面的情况，鼓吹变法维新。这是康、梁一贯鼓吹的"欲开民智，先开官智"的主张的具体实践。7月，康有为发起组织"强学会"，得到清廷少数文武官吏的支持，由陈炽任会长，梁启超任书记。11月，康又发起组织了上海强学分会。梁启超起草的强学会组织章程，强调学会是集合一批志同道合的"志士仁人""协助清廷变法维新，庶几走上富国强兵"的道路，丝毫没有危害清皇朝统治的意图。但是康、梁的剖白丝毫也不能打消清廷顽固派对他们的嫉视与疑虑。11月，清政府勒令《中外纪闻》停刊。乙未年十一月至十二月（1896年1月）又先后下令解散北京、上海两地的强学会。北京的维新运动又暂时转入低潮。

3. 交谭嗣同等

在这期间，梁启超与谭嗣同等维新志士相交往。梁对谭十分推崇，认为他"才识明达，魄力绝伦，所见未有其比"。

4.《时务报》

1896年3月，梁启超在北京已无可作为，就奉康有为之命，到上海与黄遵宪、汪康年一起创办《时务报》，梁担任主笔。在他们周围，团结了一批维新人士与同情者。该报于8月创刊。梁在该报上发表了一系列政论性文章《变法通议》，阐述了他的政治主张。他依据康有为的公羊三世说（据乱世、升平世、太平世），强调了"变"与进化的观念，并认为："变法之本，在育人才。人才之兴，在开学校。学校之立，在变科举。而一切要其大成，在变官制。"此外，他还强调了开民智、兴学会、译西书、办报馆、兴民权、平满汉之界，立农、工、商、政，修铁路，通轮船，开矿山，开武备学堂，练陆海新军。认为这些是"立国之元气，而致强之本原也"。

梁启超还在《西学书目表后序》中阐述了他的学术主张：中学西学并重。他写道："要之舍西学而言中学者，其中学必为无用，舍中学而言西学者，其西学必为无本，无用无本皆不足以治天下，虽庠序如林……无救危亡。"他针对洋务运动领导人只知学习西方的船坚炮利、机器奇巧，而不知学习西方的政治制度与科学的偏向，开列了西学书目表，共列书300种。其中既有西学，包括算学、重学、电学、化学、声学、光学、气学、天学、地学、全体学、动植物学、医学和图学；也有西政，包括史志、官制、学制、法律、农政、矿政、工政、商政、兵政、船政。他提倡较全面地学习西方。

梁启超主编的《时务报》，"一时风靡海内，数月之间销行至万余份，为中国有报以来所未有，举国趋之，如饮狂泉"。通过《时务报》的宣传，康有为的名字和他的变法维新的主张，在广大知识分子中广泛传播。从1896年到1898年戊戌政变之前，维新变法的团体，如雨后春笋般地纷纷建立，总数达20余个，梁启超直接参与的就有戒缠足会、农学会、南学会、知耻学会、医学善会等。各种鼓吹维新变法的刊物也相继出现，如《国闻报》《湘学报》《湘报》《知新报》等，彼此相互呼应，造成巨大的舆论声势。

这年秋冬间，梁启超联合同志集股创办大同译书局于上海，梁写的书局叙例中谈到，译书"以东文为主，而辅以西文，以政学为先，而次以艺学……将以洗空言之诮，增实学之用……"

5. 时务学堂

1897年，谭嗣同、黄遵宪、熊希龄等在长沙创办时务学堂，聘梁启超讲习，唐才常等为助教。梁启超参照康有为当年办万木草堂的经验，把湖南时务学堂办成当时最负盛名的一所学校。他通过教学活动，大力宣传变法理论、公羊学派的进步历史观、《孟子》中的民权与大同思想，广泛介绍西学，批判顽固派维护的旧学，甚至"窃印《明夷待访录》《扬州十日记》等书，加以案语，秘密分布，传播革命思想，信奉者日众，于是湖南新旧派大哄"。梁启超通过时务学堂，培养了一批出色的人才。在时务学堂第一班 40 名助教与学生中，有于 1900 年反清起事牺牲的唐才常、林圭等庚子六君子，有以后领导云南举兵讨袁护国的蔡锷将军。

这年冬天，梁启超又与经莲珊创设女学堂于上海。它的宗旨是"欲复三代妇学宏规，为大开民智张本"。

6. 从保国会到百日维新

1897 年冬，为反对德国强占胶州湾，康有为呈送了《上清帝第五书》，终于在 1898 年（光绪二十四年戊戌）初送到了光绪手中。光绪看了，决心维新变法，命康有为统筹全局。该年春，梁启超与康广仁一同应康有为之召到了北京。3 月，梁启超与麦孟华等联合各省公车上书，请拒俄变法，力陈旅大之不可割。3 月，康有为在北京发起保国会，梁启超积极筹划奔走。保国会同志"讲求保国保种保教之事，以为论议宗旨"。该会开过数次，到会的人都过百人以上，北京风气一时大变。但由于顽固派的攻击与弹劾，不久就停止了活动。4 月初，梁启超又联合公车百余人联名上书，请废八股。

戊戌四月二十三日（1898 年 6 月 11 日），光绪颁布"明定国是"之诏，百日维新由此开始。四月二十五日（6 月 13 日）上谕时务人才康有为在总理衙门行走，并准备召见黄遵宪、谭嗣同、梁启超。从此，光绪相继颁发了数十条变法上谕，除旧布新。除旧方面，主要是废八股取士，废书院，裁汰八旗绿营，撤销京内外一切冷衙门和冗官冗兵等。布新方面主要是试策论，办大、中、小学堂，设矿务、编译、水、陆学堂，以及农工商总局、商会及分支机构，准民间兴办工厂实业，奖励农学，奖励新著作、新发明，翻译书报，准许办学会、开报馆，广开言路，办好水师等，并授李端棻为礼部尚书，杨锐、林旭、刘光第、谭嗣同为四品卿衔，军机处行走，委维新派人士以重任。梁启超于阴历五月十五日（7月3日）被皇帝会见，授以六品卿衔，负责办大学堂与译书局等事务，起草了一些推行新政的奏折。正如他在致夏曾佑的信中所说："新政来源，真可谓全出我辈。"

但是维新变法很快为慈禧太后为首的清廷顽固派所扼杀。戊戌八月六日（9月21日），慈禧从颐和园还宫，将光绪囚禁于瀛台，并以皇帝名义发布上谕，宣告由她"垂帘听政"。前后历时103天的变法运动，至此以失败而告终。政变后，八月十三日（9月28日），谭嗣同、林旭、杨锐、刘光第、康广仁、杨深秀等戊戌六君子走向刑场，慷慨就义。谭嗣同在被捕前一日，曾有朋友苦劝他逃亡日本。谭坚决不走，说："各国变法无不从流血而成，今中国未闻有因变法而流血者，此国之所以不昌也。有之，请自嗣同始。"他的这种大无畏精神一直激励着以后的中国革命志士。

梁启超于八月六日（9月21日）晚避往日本公使馆，由日本人营救，于九月中旬（10月下旬）逃到日本。他在出国的时候，写了一首脍炙人口的《去国行》，慷慨悲歌，抒发他的愤哀心情。歌中写道："……城狐社鼠积威福，王室蠢蠢如赘痈……可怜志士死社稷，前仆后继形影从……"康有为则在英国人的保护下逃出北京，经天津、上海、香港转赴日本。梁的妻兄礼部尚书李端棻被革职后遭戍新疆。梁启超的广东老家被抄，梁父莲涧先生携眷避居澳门。

三、百科全书式的启蒙思想家（1898—1903）

1.《清议报》《新民丛报》和《新小说报》

梁启超1898年10月到达日本后，11月11日就在横滨创办了《清议报》。他怀着悲愤的心情，奋笔疾书，写出了《戊戌政变记》。回顾了变法与政变的全过程，分析了政变的原因，为殉难的六烈士作了传，赞颂了支持变法的光绪，猛烈抨击了以西太后为代表的清廷顽固派。《戊戌政变记》在《清议报》上连载发表，通过上海租界的广智书局向内地发行。清廷列为禁刊，但愈禁却愈畅销，据说慈禧读后，抱着《清议报》大哭，说是太糟蹋她了。她咬牙切齿，赏银十万两，要取康、梁的首级。之后又派刘学询带了白银到日本，收买日本浪人，放火烧了《清议报》，迫使《清议报》在1901年12月停刊。梁启超认为，《清议报》的特点有四：倡民权、衍哲理、明朝局、厉国耻。所遵奉的原则也有四：一曰宗旨定而高，为最多数的国民之言；二曰思想新而正；三曰材料丰而富——分门别类，包罗万象，而选择又极严；四曰报事确而速——以造谣生事为大戒。正因为如此，《清议报》受到了广大读者的欢迎，销路日畅。在《清议报》被迫停刊以后，他又于1902年创办《新民丛报》和《新小说报》,坚持启蒙工作。

2. 思想为之一变

1899年年初,梁启超读书箱根,"肆日本之文,读日本之书","思想为之一变"。他的思想变化,主要表现在下列几方面。

第一,进一步信仰社会达尔文主义。他在1902年写道:"近四十年之天下,一进化论之天下也。唯物主义者昌,而唯心主义屏息于一隅,科学盛而宗教几不保其残喘,进化论实取数千年旧学史之根柢而摧弃之翻新之者也。""天演物竞之理,民族之不适应于时势者,则不能自存。"

第二,改变对孔子教义的态度。他在《保教非所以尊孔论》(1902)中说:"区区小子,昔也为保教党之骁将,今也为保教党之大敌。"他反对迷信礼拜孔子,尊崇孔子教义,而做可以随时代而演进之学说,主张思想自由,不再谈托古改制。

第三,认为中国正处于过渡时代,寄希望于青少年,认为"老朽者流,死守故垒,为过渡之大敌","青年者流,大张旗鼓,为过渡之先锋"。他于1900年发表《少年中国说》热烈讴歌少年中国,"少年进步,则国进步……少年雄于地球,则国雄于地球。……红日初升,其道大光,河出伏流,一泻汪洋。……前途似海,来日方长。美哉我少年中国,与天不老!壮哉我少年中国,与地无疆!"

第四,大力鼓吹新民与自由、革命与破坏,突破了维新变法、改良的羁绊。他在《新民说》中热烈赞颂路德、培根、笛卡儿、亚当·斯密、卢梭、孟德斯鸠、哥白尼对旧宗教、旧哲学、旧经济学、旧政治学、旧法律学、旧天文学的破坏,掀起宗教、哲学、经济学、政治学、法律学、天文学的革命,创立新的宗教、哲学与科学,"随破坏,随建设,甲乙相引,而进化之运,乃递衍于无穷"。他还写道:"不破坏之建设,未能有建设者也。""然则救危之求进步之道将奈何?曰:必取数千年横暴混浊之政体,破坏而齑粉之"。1903年3月18日致徐君勉的信中说:"深信中国之万不能不革命。"在这时期,他还有一篇未发表的《拟讨专制政体檄》,号召中国青年奋起讨伐专制政体。"专制政体者,我辈之公敌也,大仇也。有专制则无吾辈,有我辈则无专制。我不愿与之共立,我宁愿与之偕亡。"檄文气势磅礴,洋溢着革命激情。

第五,他这时不再把中学、西学作体用之划分,认为西学中的政治学、经济学、哲学与社会学皆开民智强国基之急务",是"本原之学"。说"今者余日汲汲将译之,以饷我同人"。

3. 百科全书式的启蒙工作

他在这一时期介绍的西方政治学与法学有亚里士多德的政治学说、卢梭的民约论与天赋人权说、孟德斯鸠的法学与三权分立说、伯伦知理的民主政治与国家学说。他比较过中外的国体与宪法,写过《立宪法议》《中国专制政治进化史论》,讨论过专制政体与立宪政体、政府与人民的权限、民族竞争的大势等。

在经济学方面,他写了《生计学说沿革史》,介绍了从古代到亚当·斯密的经济学说。他也介绍了西方新兴的"托拉斯",写了《中国改革财政私案》等著作。

在哲学、科学与文化启蒙方面,梁启超这一时期的工作向中国知识界展示了一个新的精神世界。他写了《论古代希腊学术》《近世文明初祖二大家之学说》《霍布士学案》《斯片挪莎学案》《乐利主义泰斗边沁之学说》《进化论革命者颉德之学说》等文，对从古至今的西方许多大哲学家的学说做了介绍。他又写了《格制学沿革考略》，对从古巴比伦、古希腊到哥白尼、伽利略、牛顿时代的科学发展史做了简要的介绍。《天演学初祖达尔文之学说及其略传》，则专门介绍了对当时中国思想界有巨大震撼力的达尔文及其进化论。他的论《学术之势力左右世界》一文专门论述了文艺复兴以来西方的大哲学家、大科学家与启蒙思想家对推动近代世界文明的巨大影响。

梁启超在1902年还写了《论中国学术思想变迁之大势》。他在书中对中国先秦的学术与古希腊的学术作了比较，对两千多年来的中国学术文化的发展做了初步总结，指出了中国传统学术的专长与缺点。长处是在实际问题和人事问题方面，缺点则在缺乏逻辑思想与物理实学等方面。美国的一位史学家勒文森在他的《梁启超与现代中国精神》一书中认为，青年梁启超在理智上疏远但在感情上束缚于他的传统。他似乎把梁启超这一时期的反传统主义倾向估计得过分了。

梁启超也可说是新文学运动的先驱，他在《新小说》创刊号发表的《论小说与群治的关系》，提出了小说为革新社会服务的根本观点和纲领，认为"要新一国之民，不可不新一国之小说"。在这一时期，他翻译出版了若干新小说《佳人奇遇》《俄皇宫中之人鬼》《世界末日记》《新罗马传奇》《十五小豪杰》等。他创作的政治小说《新中国未来记》巧合地预言了中华民国的创立，阐发了他的政治见解。

梁启超也是中国现代史学革命和新史学的创始人。在这一时期，除前述的政治史、经济史、科学文化史之外，他还写了《新史学》和《中国史叙论》，尖锐地批判了中国旧的史学传统，指出中国旧史学"知有朝廷而不知有国家""知有个人而不知有群体""知有陈迹而不知有今务""知有事实而不知有理想"，因此把历史弄成了帝王家谱，没有理想，没有"群体"，没有因果法则。他鼓吹史学革命，创建新史学，认为"历史者，叙述人群之进化现象，而求其公理公例者也"，其目的"在以过去之进化，导未来之进化"。

为了借鉴历史经验，"导未来之进化"，他写了古今中外许多革命家、改革家、民族英雄的传记，如《匈牙利爱国者葛苏士传》《意大利建国三杰传》《近世第一女杰罗兰夫人传》《新英国巨人克林威尔传》《张博望班定远合传》《赵武灵王传》《袁崇焕传》《中国殖民八大伟人传》《郑和传》等。为了唤醒国人，警惕亡国危险，他写了《朝鲜亡国史略》《越南亡国史》。此外，他还写了《中国四十年来大事记》（一名《李鸿章》）（1901）、《南海康先生传》（1901）、《三十自述》（1902），为中国现代史留下了宝贵的史料。

在如此短暂的五年内，梁启超写下了如此大量、涉及领域如此之广、社会影响如此巨大和深远的作品，这在中国历史上还找不出第二人。他的启蒙工作虽浅但广，虽杂但博；加上他那笔锋常带感情的文风，确实具有巨大的感染力。

4. 革命与改良常交战于胸中的维新派首领

梁启超作为维新派的首领，这一时期除做了大量文学启蒙工作外，也积极参与了许多实际的政治活动。

康有为和梁启超到了日本以后，1899年年初，革命派的领袖孙中山（1866—1925）就想与他们交往，想争取实现两党合作。这时，康有为很不愿意与革命党交往，而梁启超却十分乐意与孙中山交往。1899年2月，康有为离开日本去加拿大。6月，在加拿大正式建立保皇会（维新会），康有为任会长，梁启超与徐君勉任副会长。在日本，梁启超除去了对老师的顾虑，便公开与革命党相交往。6月，梁启超与韩树园、梁子刚等12人结义于日本江之岛。他的这批比较激进的同志也与革命党十分接近。双方曾想合并组党，拟推孙中山为会长，梁启超为副会长，请康有为"闭门读书，息影林泉"。梁启超又与孙中山合办了一种杂志，名《中国秘史》，一共出了两期，专言宋明亡国与弘扬遗事。秋天，梁启超在东京创立高等大同学校，有革命思想的青年志士如林圭、蔡锷等一时都聚集于其中。唐才常也于这时来到日本，在梁启超与孙中山的支持下，建立革命组织"正气会"（后改名"自立军"），准备归国起义。唐才常归国之日，梁、孙一起为他饯别。

可是，到了年底，形势急剧逆转。由于保皇会中保守派向康有为告变，谓梁启超"渐入行者圈套，非速设法解救不可"。康有为据报，立即勒令梁去夏威夷办理保皇事务，不得稽延。梁去夏威夷后，与孙中山的关系，由疏远而消沉，终至分裂。其中原因主要的有：康有为坚决反对两党合作，梁启超不敢公然宣布背叛自己的老师；维新派内部同志如黄遵宪等的规劝；与孙中山在纲领策略上的分歧——孙中山主张"倒满洲以兴民政"，梁则主张"借勤王以兴民政""名为保皇，实则革命"，二人无法取得一致；孙、梁二人，谁领导谁的问题；双方为在华侨中争取财源而分裂、敌对。到了 1900 年勤王之役失败，这种分裂局面已无可挽回了。

1899 年年底，慈禧有废光绪帝、立大阿哥之意。1900 年（庚子）上半年，由于义和团事件，八国联军攻打北京。保皇党想利用这一时机，在汉口、广东发动勤王之役。但由于种种原因，终于失败，唐才常、林圭等庚子六君子为武汉的军阀张之洞所杀害。梁启超于阴历七月（8 月）赶到上海。事已败，无可挽救。武汉死难的志士许多都是梁的朋友和学生。他只能挑起恤死救死的重担，做了一些善后工作，在上海住了 10 个月，即转香港、新加坡、印度去澳洲。途中晤见康有为，康竟用椅子把梁击伤，无理地把失败的一切责任都归于梁启超。为此，梁心灰意冷，一度消沉。在澳洲待了半年，于 1901 年 4 月返回日本。冬天《清议报》报馆被烧，被迫停刊。1902 年正月《新民丛报》出版，10 月《小说月报》出版。这时，梁又专以宣传为业，悉心办报。《新民丛报》自己发行达三万份，而内地各省翻印的有十多种版本，"以国人竞喜读之，清廷虽禁不能遏"。

1903 年年初，梁启超应美洲保皇会之邀，访问加拿大和美国。去美洲的目的，第一是发展美洲各地保皇分会，第二是筹款。在美国华盛顿，梁以保皇会领袖身份会见了西奥多·罗斯福总统和国务卿约翰·海，这年 10 月返回日本。

四、改良派的主帅,立宪派的领袖(1903—1911)

1903年冬,梁启超从美洲回到日本后,言论大变,完全放弃以前深信的"破坏主义"和"革命排满"的主张。他在这时发表的介绍伯伦知理和波伦哈克的学说的文章就认为君主立宪优于共和政体。其转变的原因,大致为:屈服于康有为的经济压力;害怕革命破坏之后,建设不易,并且革命战乱之时,中国有被世界列强瓜分之危险;与革命党感情日益恶化;政治思想转变,由激进趋向温和、保守,这在相当程度上受到他的好友黄遵宪的影响。

1. 与革命派的论战

梁的言论,很快遭到了革命派的批评与反击。从1905年到1907年,争论达到高潮。梁启超主编的《新民丛报》与革命党的《民报》,展开了一连串的笔战。争论的焦点是:革命排满,还是缓进改良?革命是否会引起下层社会的暴动和外国的干涉?是民主共和,还是君主立宪?是约法训政还是开明专制?以及关于土地国有政策的争论。

这场争论,从当时多数知识青年的反应来看,革命党的《民报》具有明显的优势,但是梁启超对革命党的诘难,特别是有关土地国有的政策,对革命党修正完善他们的纲领与政策,起了促进作用。这场争论对于提高当时中国知识分子的政治认识也起了巨大的作用。

2. 立宪运动

这一时期,在实际政治活动方面,作为维新派的领袖,梁启超采纳了他的好友黄遵宪的建议,奉行"避革命之名,行革命之实"的方针策略。"其宗旨曰阴谋、曰柔道;其方法曰潜移、曰缓进、曰蚕食;其权术曰得寸、曰避首击尾、曰远交近攻。"自光绪三十二年(1906)至辛亥革命(1911),梁启超一直大力推行立宪运动。

1905年六月,袁世凯、周馥、张之洞三个总督联名上书奏请清廷预备立宪。清廷接受了这个建议,于年底派五大臣出国考察宪政。五大臣于1906年初到日本,请梁启超为他们代撰了二十余万言的奏折,奏言"宪政所以安国内,御外侮,固邦基,保人民",并谓在颁布宪法之前,先颁布地方自治章程,定言论、出版、集会自由的各种法规,并建议在北京设立资政院,在各省设立谘议局,议员皆为民选。1906年九月清廷上谕预备立宪。1907年九月十三日(10月19日),清廷上谕设立资政院与谘议局。

梁启超在海外策动立宪运动。1906年九月,美洲保皇会改名为帝国宪政会。九月十一日在东京建立政闻社,发行《政论杂志》,主张"一、实行国会制度,巩固司法权之独立,建设责任政府;二、厘定法律;三、确立地方自治,正中央地方之权限;四、慎重外交,保持对策权利"。1908年年初,政闻社与《政论杂志》迁上海,派徐佛苏前往协助工作,团结各省谘议局人士,以策动大规模的立宪请愿运动。1908年七月,《政论杂志》因与康、梁有关被清廷勒令停刊,政闻社也被解散。这是立宪运动的第一阶段。1908年十月(11月)光绪帝和西太后相继去世。接着宣统登基,袁世凯被革职,筹备立宪事又松懈了下来。

政闻社被解散后,梁启超又与孙洪伊、徐佛苏等秘密组织宪友会。从宣统元年（1909）到宣统二年（1910），孙、徐等多次策动各省谘议局代表，请愿召开国会。清廷为缓和民情，先答应宣统八年（1916）召开国会，后又提前到宣统五年（1913）。但是，清廷并无立宪诚意。1910年冬，当东三省代表到北京请愿时，被解回原籍。天津温世霖主张通过罢学来请愿立宪，被逮捕充军新疆。

为了与国内的请愿运动相呼应，1910年年初，梁启超在日本创办了《国风报》旬刊，一再为文抨击清廷。他曾写道："徒以现今之组织，循而不改，不及三年，国心大乱，而至于亡。"他似乎已预见到立宪失败、革命将成功之前景了。

1911年（辛亥）年初，梁启超曾有台湾之行，五月初八（6月4日）宪友会正式成立，七月《国风报》停刊。（10月）辛亥革命一举成功，各省响应。各省谘议局和宪友会，是起了促成作用的。

3. 这一时期的著述工作

梁启超在这一时期的著述工作，有与革命派论战的《开明专制论》《驳某报之土地国有论》等，有鼓吹立宪运动的《宪政浅说》《中国国会制度私议》《责任的内阁释义》，以及论国会期限、资政院的一些论文。他写了《中国之武士道》《德育鉴》《中国法理学发达史》《论中国成文法编制之沿革得失》《中国外交方针私议》《中国国债史》《外资输入问题》《中国货币问题》《外债评议》，以及论述财政税收、公债、币制、币材等方面的论著。此外，他还写了《王荆公》《管子传》等历史著作。

五、民国初期的政治活动家（1911—1917）

1. 进步党的领袖

1911年八月十九日（10月10日）武昌起义。九月初九（10月30日）清廷任命袁世凯为内阁总理大臣，开放党禁，任命梁启超为法律部副大臣。梁未受命。九月十六日（11月6日），他曾回大连、奉天活动，宪政和共和未达目的，折回日本。辛亥十一月十三日（民国元年，1912年1月1日），孙中山在南京就任临时大总统。2月12日，清帝退位。3月10日，袁世凯就任临时大总统。根据《中华民国临时约法》选出参议员，准备在民国2年召集国会。梁启超于1912年11月回国，28日到北京，受到政府与各界的热烈欢迎。民国2年（1913年）4月，召开国会。孙中山的国民党为第一大党，以梁启超为领袖的共和党为第二大党。为了与国民党相抗衡，共和党又联合民主党、统一党合并组成进步党，推梁启超为领袖。这时，进步党与国民党在国会中已势均力敌，甚至大于国民党，而两党的政纲并没有多大的区别。

1913年3月，国民党常务理事长宋教仁被暗杀。7月，国民党发动"二次革命"，9月，就为袁世凯所击败。这时，袁世凯请熊希龄出任国务总理，组织了一个以立宪派为主体的内阁，梁启超出任司法总长。实际上，梁是熊希龄内阁的灵魂，熊希龄内阁的《政府大政方针宣言书》就是由梁启超拟定的。以后，梁又起草了《进步党拟中华民国宪法草案》。但是，由于袁世凯的专横独裁，和地方都督的抵制反对，熊希龄内阁的施政方针根本无法贯彻。1913年年底,熊、梁相继提出辞职,1914年2月,他们就正式下台了。

梁启超辞掉司法总长以后,袁世凯曾委任他任币制局总裁。梁在任内倒还做了几件实事,如确定通货制度,将银两改为银元制,整理铜元,不许湖北、广东两省再铸,收回两省军用票,停闭各省造币厂,改中国银行为官商合办等。但他还有许多整理国家财政、增进国民生计的计划和办法并未能够实施。他于该年年底辞去币制局总裁职务。

1914年8月,欧战爆发。1915年,日本提出《二十一条》。梁启超撰文反对。日本报纸责备他忘恩负义,他大义凛然地予以驳斥。

1912年12月,梁启超回国不久,就创办了《庸言》月刊。1914年6月《庸言》停刊,梁改任《大中华杂志》主编。他在该刊发刊词中表示了要抛开政治,走专从改造社会入手的道路。

2. 护国讨袁的组织者

1915年,袁世凯阴谋称帝。8月,杨度、刘师培等发起组成筹安会,为改变共和国体制造舆论。梁启超针对这些活动,写了《异哉所谓国体问题者》一文,痛加驳斥。在此文还未发表时,袁世凯曾派人来看梁启超,进行威胁利诱,但均无效果。

梁启超不仅写文章批驳袁世凯妄图推翻共和的阴谋,还具体组织了护国讨袁的战争。1915年10月,梁启超与蔡锷、戴戡、汤觉顿、徐佛苏等人会商,议决一旦袁世凯宣布帝制,立即从云南、贵州、广西发动起义,然后分别从四川、广东、湖南出发会师武汉。12月12日,袁世凯下令接受帝位,准备在翌年元旦即位,改元洪宪。这时，蔡、梁已从天津南下。蔡锷于 12 月 25 日在云南宣布起义，率兵入川，梁则南下上海，在 12 月 26 日发出了讨袁的檄文，并送上海各报发表，全国称快。1916 年 1 月 27 日，贵州宣布独立。3 月 11 日梁由港转广西，15 日广西宣布独立。4 月 12 日，汤觉顿去广东策动龙济光起义，不料为龙部所杀。梁启超不顾生命危险，只身前往说服龙济光，然后回肇庆。6 月 6 日组成军务院，以唐继尧、岑春煊任正副军长，梁任政务委员长，暂代国务院职权，通电全国，以袁世凯去职为罢兵条件。15 日，十七省代表集会于南京。6 月 6 日，袁世凯忧愤成疾去世。6 月 7 日，黎元洪宣布就大总统职，段祺瑞为国务总理。6 月 29 日，政府申令恢复民国元年《中华民国临时约法》与旧国会。7 月 15 日，由于梁启超的周旋努力，军务院撤销。8 月 1 日国会开会，南北终于重获统一，护国战争胜利结束。

这次护国战争，梁启超是最初的发动者，又是各方面的中心，他在上海期间的种种筹划布置活动是护国成功的最大关键。梁启超确实立下了捍卫新生的民主共和国的历史功勋。但在这次战役中，梁的得意门生、护国英雄蔡锷苦战四川，劳瘁成疾，战后不久即逝世于日本。梁的亲密同志汤觉顿死难于广东。失去这两个得力助手和亲密的战友，对梁启超确实是一个十分巨大的打击。

3. 力主参战和反对复辟

1917 年，欧战局势逐渐明朗，德国必败已较明显。为了通过对德宣战改善中国的国际地位，梁启超积极主张参战。国务总理段祺瑞想通过参战，向日借款，壮大自己的势力，所以也力主参战。但是正、副总统黎元洪、冯国璋与南方的孙中山不愿段祺瑞势力过盛,所以都反对参战。3月,国会在段祺瑞的挟制下,通过对德绝交。这时孙中山通电主张中立主义,黎元洪认为对德问题只做到绝交为止。四五月间,段祺瑞借督军团的力量,想压服议员通过对德宣战。议员们不顾压力,坚决否决参战案。段想迫使黎元洪解散国会,为黎所拒绝。5月23日,黎元洪在国会支持下,免去段的国务总理。段则通电鼓动督军团反对黎元洪,要他自动退位。梁启超的政学系议员也向黎施加压力。黎走投无路,最后只得请安徽督军张勋入京调停。张勋领兵到天津后,胁迫黎元洪于6月12日解散国会。6月14日,张勋带了5000名辫子兵进入北京。28日康有为也秘密进入北京。在康、张"文武二圣"的导演下,7月1日,清宣统皇帝在京宣告复辟。7月3日,梁启超替段祺瑞起草了讨伐复辟的通电,并为他出谋划策,筹集军饷。梁本人也发表了《辟复辟论》,公开表明他反对他的老师康有为的复辟、保皇活动。段祺瑞于7月5日到马厂"誓师",就任讨逆军总司令。12日,张勋兵败,逃入荷兰使馆。段祺瑞于14日进京,15日到国务院自行复职,17日提出新内阁名单,任命梁启超为财政总长。

4. 任期四个月的财政总长

梁启超就任财政总长时,原抱有很大的希望。他最大的目的,就是想利用缓付的庚子赔款和币制借款来彻底改革币制,整顿金融,可是结果事与愿违。就是消极方面的维持现状,也没有得到很好的成绩。

段祺瑞重新执政后,利用当时的有利形势于1917年8月14日公布了梁启超起草的对德宣战的文告,但是梁启超希望通过宣战改善中国的国际地位的理想并未实现。而段祺瑞却通过参战获得了日本的贷款以壮大他个人的军事实力，进行内战，结果是"对外宣而不战，对内战而不宣"。

段祺瑞重新执政后，企图先召集临时参议院，然后再召集新国会，这个方案遭到了南方国民党领袖和各督军省长的强烈反对。9月1日，云贵两广四省宣告组成以孙中山为大元帅的护法军政府，形成了南北两个政权的对立和交战的局面。

11月间，北洋军在四川、湖南两个战场都遭到惨败，北洋军中的直、皖二系矛盾也开始明显激化。在冯国璋的授意下，直系四个督军联名发出通电，主张和平解决与西南的争端，迫使段祺瑞内阁于11月15日进行总辞职。梁启超这时已无意与段祺瑞继续合作，决定单独辞职，得到了总统与总理的同意。梁终于在1917年底彻底退出了政界。是年6月，川滇军冲突，梁的同志四川省长戴戡为军阀刘存厚所杀。梁启超要求内阁惩办，段祺瑞置之不理，这也是梁启超愤而辞职的一个原因。

这一时期，梁启超忙于政治活动，著述不多。发表的文章主要是演说辞、短篇政论文章、起草的文件文告等，特别是有关讨袁护国与反复辟的文件文告，具有重要的历史意义，专著只有《欧洲战役史论》（1914）与《国民浅训》（1916）等寥寥几部。

六、学术工作与文化运动的晚年（1918—1929）

1. 欧游心影

梁启超从1917年11月退出政界后，就开始专心于学术，先研究碑刻之学，到1918年春夏间开始致力于写作《中国通史》，因劳累成疾，呕血而搁笔。是年，欧战结束。北京政府任命梁启超为列席巴黎和会的特使，专使代表团则由陆征祥等五人组成。梁不是正式代表，对专使代表团只有建议之权。

梁启超选了蒋百里、张君劢、徐新六、丁文江、刘子楷等著名人士为随员。他于1918年12月28日由上海起程，经香港、新加坡、斯里兰卡、红海、地中海而到伦敦。在船上五十天，看完了两大箱近百本日文书，主要是有关战后建设的著作，涉及文学、哲学、经济学、政治学、社会学、生物学各个领域。1919年2月11日抵伦敦，在伦敦会见了不少政治家、学者，还专门拜访了李提摩太，18日到巴黎。

《凡尔赛和约》承认日本继承德国在山东的权利。孙中山反对签字，所以汪精卫、李石曾等在巴黎邀集中法人士，组和平促进会，反对签字。学生中以王世杰为领袖，设法阻止代表们签字。梁启超也反对签字，认为只有不承认，才可徐图挽回。美国代表团也有人暗示中国代表不要签字。王正廷、顾维钧、施肇基三代表都反对签字。但北京政府已电令陆征祥签字，学生们就去包围陆的别墅，请他不要奉令。陆看到群情愤慨，答应不签字，陆违抗命令，不再为北京政府所信任，只好挂冠去比利时入修道院了。北京政府也不原谅梁启超，停止寄发他的行旅费。正是由于不签字，山东问题移交华盛顿会议讨论，最后终于归还中国。

梁启超在这一时期，还担任张謇等发起的国民外交协会的代表，主持向巴黎和会请愿各事。4月底他致电国民外交学会："对德国事，将以青岛直接交还，因日使力争，结果英法为所动，吾若认此，不啻加绳自缚，请警告政府及国民严责各全权，万勿署名，以示决心。"5月4日，《申报》刊载了这个电文。这表明，梁启超在巴黎是和国内的五四反帝运动遥相呼应的。

在6月9日的一封长信中，梁启超写道："数月以来，晤种种性质差别之人，闻种种派别错综之论，睹种种利害冲突之事，烩以范象通神之图画雕刻，环以恢诡葱郁之社会状态，饫以雄伟矫变之天然风景……吾自觉吾之意境，日在酝酿发酵之中，吾之灵府必将起一绝大之革命。"

这次欧洲之行，梁启超一共到了英、法、德、意、荷、比、瑞士等国，会见了许多政治家、哲学家、文学家与社会名流，考察了欧洲战场与战后欧洲的状况，他的思想确实又发生了一次革命。从他在归国后发表的《欧游心影录（节录）》中，可以看出他这次思想革命的"产儿"究竟是什么。

概括地说来，主要是对他过去信奉的社会达尔文主义产生了怀疑，认为这种"生存竞争优胜劣败"与个人主义的学说和社会思潮是这次世界大战的思想根源；同时对"科学万能"、唯物的机械的人生观也产生了怀疑。他接着对世界的发展趋势做了预计：民族主义越发光焰万丈，要扩充到欧洲之外；世界主义，要从此发轫；社会的民主主义要渐渐成为最中庸的一种政治；俄国革命，其历史价值，最少也不在法国大革命之下，今后和"中庸政治"相争，还不知谁胜谁负；国际间产业战争，只有比前更剧，自由贸易主义怕要作废；科学万能说当然不能像从前一样猖獗，但科学依然在它自己的范围内继续进步，物质文明一定更加若干倍发达；这回战争，给人类精神上莫大的刺激，人生观自然要起一大变化，哲学再兴，乃至宗教复活，都是意中事。这些预见与估计，发表于1920年，现在看来，还是基本正确呢！

他对中国政治文化的建议是：建设世界主义的国家；坚信中国不会亡；革命派与改良派合作，搞全民政治；提倡尽性主义，充分发挥各人的天赋良能；彻底解放思想，不受中国旧思想的束缚，也不受西洋新思想的束缚；提倡法治；实行职业选举与国民投票相结合的宪权；通过地方自治加强国民自治能力；提倡社会主义精神，实行劳资互助；开展国民运动；综合传统文化和西方文化，建立新文化。梁启超的这些建议，充满了善良的愿望。以后的事实是内乱外患的中国终于选择了激进革命的道路，但是回过头来看，梁启超提出的民主、法治、宪政、自治，彻底解放思想，综合传统文化与西洋文化等任务，至今尚未完成，还有其现实意义。

梁启超本是中国现代新文化运动的先驱，他对五四运动的反帝斗争，争取民族独立是完全支持的，对"五四"的反封建、争民主的斗争，他也是赞同的。但他不同意北伐时期湖南农民运动的过激的、粗暴的、不讲政策与不人道的一些做法。

但是对于五四新文化运动对待中国传统文化的态度，梁启超是有不同意见的。他始终赞成在中国要发展科学，要发扬科学精神，但是反对科学万能说，反对唯科学主义。他反对全盘否定传统文化，也反对全盘西化，而主张创建综合传统文化与西方文化的新文化，对世界文化做出我们现代中国人的贡献。他在"五四"以后的学术工作和文化运动中，都是遵循他的这一主张。

2. 晚年的文化活动

梁启超于1920年3月5日回到上海后，就积极开展文化活动。在报刊方面，受他影响的有《时事新报》《北京晨报》和《解放与改造》。在学术团体方面，他于1920年组织共学社，发起讲学社，先后邀请过美国实用主义哲学家杜威（1919—1921年间来华）、英国新实在论哲学家罗素（1920—1921年间来华）、德国活力论哲学家与生物学家杜里舒（1922—1923年间来华）、印度诗哲泰戈尔（1924年来华）讲学，产生过巨大影响。从1922年开始他也曾应邀担任中国科学社董事部的董事。从1921年到1928年，他先后担任天津南开大学（1921）、南京东南大学（1922）、清华大学（1923—1924）、清华研究院（1925—1928）教授并兼任京师图书馆馆长（1925—1926）、北京图书馆馆长（1926—1928）、司法储才馆馆长（1926—1927）等职。此外，他对商务、中华两大书局都有影响。这些都为他开展文化活动创造了相当的条件。

3. 继续支持反帝和民主运动

这一期间，梁启超虽然已退出政界，但他仍关心支持反帝爱国运动与民主改良运动。他在1920年至1922年发起过国民制宪运动，1921年发起过国民裁兵运动。1925年，五卅惨案更激发了他的义愤。他发表了一系列文章与函电，要求欧美朋友如罗素等出来伸张正义，并要求段祺瑞政府与英国政府严正交涉。

4. 支持科学事业，提倡科学精神，反对科学万能说

1923年，梁启超的两位好友张君劢与丁文江开展了一场科学

与人生观的大论战。张君劢认为,科学不能解决人生观问题。丁文江则认为,科学万能,科学能解决人生观问题。梁启超的主张是:"人生问题,有大部分是可以——而且必要用科学方法来解决的;却有一小部分——或者还是最重要的部分是超科学的。"参加这场论战的有胡适、任鸿隽、唐钺、张东荪、王星拱、吴稚晖、范寿康、陈独秀等二十余知名学者,历时一年半,在中国产生了巨大影响。

梁启超反对科学万能,只是反对当时在中国流行的唯科学主义。他认为科学不能取代哲学、伦理、道德。但他也不菲薄科学,绝不承认科学破产。他一直关心支持科学事业的发展,提倡科学精神。例如,他在题为《科学精神与东西方文化》的讲演中,强调了在中国要提倡追求真的(或有很强的或然性的)系统的知识的精神,要有传授、普及科学知识的精神,批判了中国学术界两千年来缺乏科学精神的种种病症(为笼统、武断、虚伪、因袭、散失等),主张学习西方自文艺复兴以来发扬起来的科学精神。

5. 反对全盘西化,致力于传统文化的研究和发扬

梁启超反对五四时期激进派提出的"专打孔家店""线装书应当抛在茅坑里三千年"等论点,主张尊重爱护、认真研究中国的传统文化。他晚年就在这方面做了大量的工作。1920年至1927年,他写的重要学术著作有《清代学术概论》《老子哲学》《孔子》《墨经校释》《墨子学案》《老孔墨以后学派概观》《先秦政治思想史》,以及有关先秦社会史和佛学的研究。他还写了《中国历史研究法》(1922)及其《补编》(1926—1927)、《中国之美文及其历史》、《中国近三百年学术史》、《中国文化史》、《儒家哲学》。他的这些学术著

作是留给后人的宝贵学术遗产。

1927年初夏，梁启超曾偕清华研究院学生做北海之游。他谈到到清华当教授的抱负是，"想把中国儒家道术的修养来做底子，而在学校功课上把它体现出来"，"在社会上造成一种不逐时流的新人"，"在学术界上造成一种适应新潮的国学"。这也可以说是他的学术遗嘱。

6. 从患病到逝世

梁启超自1923年起，就患肾病，便血。1926年3月在协和医院动过一次手术，把没有病灶的右肾给割掉了。以后小便出血之症并未见轻，稍用脑劳累即复发。此后，精神体力已大不如从前，并时有小便堵塞之症。1928年9月因痔疾入院，在送院中仍作《辛稼轩先生年谱》的写作。半月后出院，回天津家中，一面服药，一面写作，不久，即发低烧，约一个半月。身体日益衰弱以至"舌强神昏，几至不起"。11月底，又入协和医院诊治，发现痰中有"末乃厉"菌，脓肿处在肺与左肋之间。到1929年1月19日，与世长辞，享年56岁。

梁启超逝世的消息传出后，在文化界引起了广泛的哀悼。1929年2月17日，北京、上海同时举行了追悼会。参加北京追悼会的五百多人大多是文化界人士，其中有熊希龄、丁文江、胡适、钱玄同、任鸿隽等，以及他的许多学生。参加上海追悼会的有百余人，其中有蔡元培、张元济等。

在京、沪两地追悼会上，对梁启超一生在中国政治与文化事业上的贡献做出了评价。其中比较确切的有："变法蒙难，任维新之先觉；倒袁讨张，成革命之元勋"（王文儒）；"开中国风气之先，文化革新论功不在孙、黄后"（唐蟒）；"保障共和，应与松坡同不朽；宣传欧化，宁辞五就比阿衡"（蔡元培）；"共和再造赖斯人"（章太炎）；"为先哲后哲续千灯，学通中外古今，言满天下，名满天下"（张东荪）；"文开白话先河，自有勋劳垂学史"（杨杏佛）。《美国历史评论》也发表了纪念他的讣文。

梁启超留下了1400万字的长达149卷的《饮冰室合集》，记载了他一生中重要的政治活动和他的大量的学术研究成果。这是20世纪中国的一份极其珍贵的文化遗产，理应得到一切中国人的重视。

（作者：范岱年）

虞和钦

近代科学中国化的实践者

虞和钦
（1879—1944）

"科学的中国化"即科学的本土化,包括纯粹知识引进的科学传播和从主观上真正"把西洋的科学变为中国的科学"的西方科学传统移植两个理论上不可分割的方面。在"西学东渐"的三个历史阶段中,传教士学术传教和洋务运动技术引进两个时段,"科学的中国化"实践仅局限于科学技术的引进和传播。甲午战争后,面对日渐式微的国势,一批脱胎于中国传统士人的先知先觉者,开始将眼光投向西方科学,"西学东渐"遂进入科学启蒙时期。这一时期,这批先知先觉的新型知识分子成为科学传播的主体,传播的内容亦逐渐从科学知识,扩展到科学知识与科学传统、科学思想等并举,即他们通过科学研习、科学翻译、科学教育和科学实业等策略或路径,实现"科学的中国化"。在这类新型知识分子中,除人们所熟知的戊戌改良派人士外,还有一批被历史烟尘湮没的士人,他们自觉地放弃科举,改业科学,为实现"科学的中国化"而筚路蓝缕,惨淡经营,虞和钦便是其中的最具代表者。

一、虞和钦生平述略

虞和钦,字自勋,仕名铭新,1879年12月11日出生在浙江镇海县海晏乡柴桥的一个儒贾世家。他的高祖、曾祖均系清代国子监生,好诗文,以经商为生。他的父亲虞景璜(字澹初,1862—

1893）则是一位地地道道的业儒，早年考取秀才，1882 年中举，翌年试礼部不第，遂绝意仕进，一心治经谈艺，并设馆授徒。

在虞和钦的童年和少年时代，科举考试对大多数士子来说仍然为求功名利禄之途，"得之则荣，失之则辱"。虞父把自己未遂的心愿寄托于小和钦身上，希望他能承继家学，金榜题名，光宗耀祖。7 岁时，他就开始随父诵读经书，研习词章。1888 年的一天晨起，开窗见大雪纷飞，想出了两句诗：山晓风初定，天寒雪正飞。便高兴地告诉父亲，随即在父亲的指导下，续成一诗，是为作诗之始。1891 年，父亲应石家塘林槐生家之聘，教授二子。小和钦随父侍读，与林家二子作息同律，且能恣意阅读林家书房"听雨楼"古今齐备的藏书，并效仿父亲采拾诸说，加以论断，作《孝经注》，是为著书之始。1892 年，随父就读于镇海县邬隘灵山书院。在灵山书院，他除诵经读史外，亦从父兼习八股文。虞母汪氏，"固甚爱子，然对于读书，亦极严厉"。1893 年父亲去世后，母亲命虞和钦仍往灵山书院，从父执虞本初读书。次年，虞母重病，弥留之际，忽移目注视虞和钦兄弟，虽气绝而目未闭。虞和钦惊而未哭，即跪告曰："吾兄弟二人，当立志读父书，谋自成学，请吾母勿忧。"之后，母亲双目渐瞑。虞母望子成龙之心，绝不亚于虞父，这自然也影响了儿时的虞和钦。虞和钦幼秉庭训，诵经读史，工诗古文辞，为他日后的科学中国化实践奠定了坚实的语言文字基础。

甲午战争后，外患日亟。虞和钦始知仅恃旧学不足以御侮，乃志于西学，并先后在家乡柴桥、鄞城（今宁波市鄞州区）、上海从事科学传播与实业活动。1899 年，他与钟观光等一起，聚乡人钟衡臧等若干志同道合者,在自己家中创设"实学社"(后人称"四明实学会"),以研究声、光、化、电诸科学。翌年春,实学社迁到鄞城月湖竹洲的辨志精舍(今宁波市二中址)。为了更深入地了解西方科学,虞和钦等又购买北京同文馆、上海江南制造局的科学译著和《格致汇编》等科学期刊,继续研习理化、博物知识,并按书上所介绍的方法进行实验。不久,他们用骨灰及硫酸试制黄磷成功。虞和钦等想到黄磷是制火柴的重要原料,便决定设厂制造,借以挽回利权。1900年,他们赴上海向商务大臣盛宣怀处呈请制磷专利。盛宣怀旋派员考验,获"制造得法,不让外洋"等批语,并准许专利15年,准予设厂制磷。1901年3月,虞和钦与钟观光一道邀请林涤庵及实学社会员张之铭等商办设厂造磷事宜,并随即集资1万元,租借上海江南制造局附近的南池胡同(不久后迁到浦东烂泥渡),开设我国自行设计、自筹资金的第一家造磷工厂——灵光造磷厂。但不到半年时间,因国内缺乏必要的仪器设备和原料,成本过高、产品不旺,以致亏本而停办。

灵光造磷厂停办后,虞和钦留沪善后,钟观光和张之铭则赴日本考察。通过考察,他们才知,新法造磷多用电解,旧法成本高,难与竞争,于是召集实学会同人,决计改置他业,即创办科学仪器馆。1901年12月8日,科学仪器馆以5000两纹银为资本,在上海五马路(今广东路)宝善街开张营业,开国人专门经营、制(仿)造科学仪器等教学用品之先河。

1902年夏,虞和钦参加由蔡元培等发起成立的革命团体——中国教育会,并于1902年冬至1903年春,义务为爱国学社、爱国女校教授理科课程。1903 年年初，虞和钦等在科学仪器馆创办国人最早的以"科学"命名的综合性自然科学期刊——《科学世界》，以介绍科学新知。

1905 年年初，为逃避清廷对"苏报案"余党的进一步追查，虞和钦又负笈东瀛，在东京帝国大学（今东京大学）专攻化学。3 年后学成归国，通过部试和廷试后，任清廷学部图书局理科总编纂、游学毕业生部试格致科襄校官，并以"硕学通儒"资格钦选资政院候补议员。民国时先后担任过北洋政府教育部主事、视学、编审员，以及山西、热河两省教育厅厅长，绥远实业厅长等职，其中 1923—1929 年间，应冯玉祥、商震等军政要人之邀，参赞莲幕。1929 年 10 月，因疲于军阀间的争斗，主动离开军政界，次年 4 月返沪置办实业，先后创办开成造酸厂、开明电器厂、建夏化学工业社等实业公司，并均任首任经理。1944 年 8 月 12 日，因病医治无效在上海寓所逝世。

虞和钦科、艺、文俱全，一生著述颇丰，除一些科学文章、科学专著、理科教材外，还著有诗文、中西哲学、社会学、古琴研究等方面的著作，并汇为一书，名曰《和钦全集》（共 18 种）。虞和钦亦工书法，好操琴、造琴、藏琴，曾被誉为"海内第一藏琴家"。

虞和钦一生所学所事，多属始创，其中不少为"中国第一"。他是近代中国"科学救国""实业救国""教育救国"思想的积极践行者，且贡献良多。

二、科学知识的引介与传播

尽管"科学的中国化"问题在 20 世纪二三十年代才被中国学界广泛关注、讨论,但其实践的历史则最早可追溯到明末清初,不过直到 1900 年前后,国人才成为主角,且进入大规模传播科学知识的时代,虞和钦即是这一时期科学中国化的实践者之一。他在科学研习实践中,不但以敏锐的科学眼光向国人引介一些具体的科学基本理论、定律,阐释科学术语、科学名词,而且还引介和制定科学命名法,从而为科学名词的统一化和标准化奠定了基础,促进了西方科学知识在近代中国的传播。虞和钦的这些工作,尤以化学学科最为典型,难怪20 世纪 30 年代,中国近代化学教育的开拓者、化学教育家俞同奎先生称:虞先生"确系今日中国化学界之鲁殿灵光"。

1. 化学元素周期律的引介

19 世纪和 20 世纪之交,国人对西方化学知识的介绍已走在数学、物理等学科的前头。虞和钦在早年开始研习科学时,亦以化学为主攻方向,并以敏锐的眼光,决定选择译介研习化学的工具——元素周期律和元素周期表。1901 年 3 月 13 日,虞和钦在《亚泉杂志》第六册(期)上发表了《化学周期律》一文,最早向国人完整地介绍了元素周期律和元素周期表。

《化学周期律》编译稿是于上一年旧历十二月投寄给亚泉学馆的,此时《亚泉杂志》创刊仅一个月左右,其间虞和钦曾"两奉大札商酌《周期律》译稿"。《化学周期律》正文分为五部分:原质(现称"元素")之天然分类、周期律表、各周期原质之关节、各属

(即"主族")原质之关节、据周期律发明之学理。其中前四部分为该文的主体,基本上揭示了门氏周期律的内涵;最后一部分则是说明元素周期律的重大意义。

《化学周期律》发表一年后,就被近代著名金石家、收藏家顾燮光列入其所补编的《增版东西学书录》卷三之"化学"类中,成为与徐寿、傅兰雅合译的《化学鉴原》《化学鉴原续编》《化学鉴原补编》等书齐名的近代汉译化学文献。

另外,虞和钦在有关化学名语解释的文章和《普通化学讲义》(上海文明书局1913年3月初版)、《中学化学教科书》(日本龟高德平原著,上海文明书局1906年初版)、《新制化学教本》(与华襄治合编,上海中华书局1917年4月初版)等著作中,也有介绍元素周期律的条目或章节。

元素周期律为19世纪下半叶"新得之学理",是化学的重要基础之一,对那些于化学上稍有门径的学习研究者具有指引作用,亦是推动化学学科不断向前发展的动力之一,但20世纪初时的中文"译书中未曾述及"。虞和钦以非凡的眼光,成为向国人引介元素周期律的第一人。他的这个工作,促进了化学学科在近代中国的发展,从而在我国近代科学传播和化学学科的发展史册上,写下了浓墨重彩的一笔。

2. 无机化学命名"某化某式"的引介、推广

19世纪,汉译化学书籍的底本大都源于西方各国,中文无机物的翻译主要有两种方法。一种为徐寿和傅兰雅等主张的"连书原质之名"(即直译无机物的分子式)法,如法文"oxyde de plomb"(分

子式为 PbO），译为"氧铅"，英文"lead of oxide"则译为"铅氧"；另一种为法国化学家毕利干等所主张的"意译"法，即按无机化合物的西文原意或者它们的化学性质来翻译，如过氯酸（$HClO_4$）译为"极绿强"、氯酸（$HClO_3$）译为"绿强"。这两种方法都存在一些缺陷，即"连书原质之名"等于没有命名，"意译"又沿袭了西方名词本身存在的混乱和弊病，故一些研习化学的国人企求能有更为科学、简便的无机物命名法推出。

甲午战争后，国人"师夷长技"的眼光开始转向日本，从而掀起"西学东游"的热潮。到了 20 世纪初，汉译科学书籍的底本几乎被日文垄断，一些传统士人也纷纷学习日语，研习日文科学原著。此时，日本的化学命名方法传入中国，人们用它取代原有的命名方法，这成为国内化学界的一种趋势。虞和钦再次以其敏锐的眼光，于 1902 年 1 月（旧历辛丑年十二月），在《普通学报》辛丑第三期上发表《化学命名法》，首次将日本"某化某式"的无机物命名法引介到中国。

《化学命名法》全文共 14 页，分为"根基及残基""自二原（元）素合成化合体之命名法""自三元素以上合成化合体之命名法"三部分，主要阐述根（或基）、二元化合物、三元或三元以上化合物（包括酸、碱、盐）的命名法。虞和钦的这种行文安排，恰好也与为中国近代化学命名统一工作贡献最多的郑贞文所谓的"化合物以先定根基之名为入手"之说相符。《化学命名法》介绍的"某化某式"无机物命名方法，是建立在对根基的命名基础之上的，与当时其他的无机物命名法相比，具有较大弹性或较强的包容性。它除酸、含氧酸正盐等少数几种类型的化合物外，均在物质名词中插有一个"化"字，并引入"亚""次""过"，简明而明晰地给出了多化合价元素之化合物的命名，使用数字词头修饰根基名称，一定程度上反映了化合物的分子构成。这种命名法基本上符合"信、达"标准，但其中也存在一些缺陷。例如，有些命名法过于冗长（如硫酸亚酸化铁）；一些化学元素、化学名称与术语，叙述比较混乱，对同一物质或元素，有的地方用日译名，有的地方用当时或是作者新创的汉译名。

《化学命名法》发表后，虞和钦即在后来编译的化学书籍和化学文章中使用"某化某式"的命名法。其中推广无机物"某化某式"命名法最为得力之作为《化学定名表》（载于《科学世界》1903—1904年第2—4、6—10号）。1903年4月始，虞和钦编制的《化学定名表》陆续在其主编的《科学世界》上发表，其中给出了793个化学名词，分别列出它们的中文定名、英文名、化学式，方便读者查对。如果说《化学命名法》是"某化某式"命名系统一般法则的介绍，那么《化学定名表》中的中文定名则是该法则的具体运用，且具有一定的引领无机化学名词划一的意义。

虞和钦介绍的"某化某式"命名法尽管存在一些有待完善的地方，但瑕不掩瑜，其简明、分类明晰、能直接传达物质组成信息的特点还是显而易见的，故在1908年我国最早的官定术语标准《化学语汇》问世之前，就有不少学者（如王季烈、尤金镛等）在编译实践中采纳了这种方法。更为重要的是，虞和钦的"某化某式"命名法，对后来我国无机化合物命名规则的制定，也具有可操作性的指导作用。

3. 系统的有机物意译命名体系之建立

1892年4月，当时欧洲34位著名化学家在日内瓦举行国际化学会议，拟定了后来称为《日内瓦命名法》的有机化学命名方案。之后，西方各国有机化学的系统命名便有章可循。但在我国，20世纪初仍无统一的有机化学命名系统，这与当时我国无机化学命名已趋于统一的情形，大相径庭。1905年始，虞和钦在日本东京帝国大学理科学习化学，对有机化学更有深究。1907年11月，在经过五六年的探索后，正式着手制定有机化学意译命名法案。1908年夏，在他从东京帝国大学毕业之际，此项工作得以完成，其专著《有机化学命名草》亦于是年8月6日正式由上海文明书局出版。

虞和钦在所著的《有机化学命名草》中，建立了一套系统的有机物意译命名体系。全书包括作者序、凡例、目录、正文和附录。正文分为两编：第一编为"脂肪族化合物"，包括已饱炭轻质（烷烃）、未饱炭轻质（烯烃、炔烃）、炭轻质之成盐原质置易体（卤代烃）、炭轻质之轻养置易体（醇）、醇精（醚）、间质及拟间质（醛和酮）等19章；第二编为"芳香族化合物"，包括轮质及其同族体（苯类）、轮质族之成盐原质置易体（苯类卤代物）、轻养轮质族（酚类）、植物碱类等16章。附录为"原质名目表"，共列出77种元素的汉译名、元素符号、英文名、法文名、德文名和原子量。

虞和钦在《有机化学命名草》中，不造一个新汉字，使得当时已知的有机物均有相应的汉译名——或学名，或通名，或俗名。《有机化学命名草》一书，在1921年科学名词审查会最终所审定的《有机化学名词草案》公布之前，影响了国内不少化学研习者，他们在编写化学书籍时，直接采用了此书的一些有机化学命名。虞和钦的这个工作对后世有机化学命名法的探索者也颇有影响。1921年7月，科学名词审查会决定最后的中文《有机化学名词草案》的会议，就是在虞和钦、张修敏及陈庆尧三氏命名方案中进行协调的，其中确定的具体命名法不少出自虞和钦的《有机化学命名草》，如芳香族化合物的命名法、几种数字表示法（如以"一""二""三"等数字指明物质的碳原子数，以"二个""三个""四个"等指明表示取代基之数的拉丁字头"Di""Tri""Tetra"等）。不过，虞和钦的有机化学命名法对后世主流法案产生影响则主要是由郑贞文实现的。郑贞文是虞和钦的校友兼同道，曾于1932年6—11月主持国立编译馆化学名词的制定工作。其间，他起草的《化学命名原则》经过讨论、修订后，于1932年11月由教育部公布实施，次年6月由国立编译馆出版发行。《化学命名原则》中有机化合物部分，保留有《有机化学命名草》中基于构造的命名法之痕迹。例如，"相同之基或官能团之数，以一、二、三……（Mono-, Di-, Tri-, ...）等数字表之"，乃继承虞氏的取代基之数以"一个"（通常省略）、"二个"、"三个"等表示，其他的如取代基位次、母体或基中碳原子位次等的表示法，"化""易"等字的用法规定，等等，均承袭虞氏在《有机化学命名草》中所确定的基本原则。

虞和钦在《有机化学命名草》中所提出的有机化学命名系统，其主旨以意译为宗，表现出之前傅兰雅等人的译音命名法无法比拟的系统性和科学性；同时因不新造一个汉字而表现出来的保守性，也使得它存在一些不尽如人意之处，如承袭传统汉字因形音相离而阻滞文化传播的缺点。郑贞文等在扬弃虞和钦确立的一些意译命名原则和具体方法的基础上，对我国有机化学定名事业，又做了许多开创性的工作。正因为如此，虞和钦早年厘定的有机化学系统命名原则能成为我国现行命名法的源本，成为他"科学的中国化"实践之重要成就之一。

三、西方科学传统的移植

如果说科学知识的引介传播是虞和钦"科学的中国化"实践的第一个层面的话，那么，他组织成立科学社团，创办传播科学新知或基于科学新知的实业，主编科学期刊，充任理科教员，编译科学教材等工作，则可视为其"科学的中国化"实践的第二个层面。他的这些工作，可谓对西方科学的消化，自觉或不自觉地促进西方科学传统的移植，拉近了科学与中国一般民众的距离，促进了西方科学在中国的生根。

1. 科学团体的组织

甲午战争后，我国变法图强、科学救国思想日盛。1895年，父执梅伯俨先生、同学钟观光在虞和钦家——澹园设馆授徒。于是，虞父生前好友陈觉生、张子骧、虞辉祖等镇海古文辞或诗赋学者时来聚会，以求学问之交流。这些为虞和钦后来组建科学团体"实学社""京师化学会"和"中国化学会"提供了养分。

1899年，虞和钦与钟观光等若干志同道合者，在自己家中创设近代中国最早的科学组织之一——"实学社"。开始时，虞和钦与钟观光等会员研读虞父生前从上海购回的《西学大成》，觉得书中所述切实而又新奇，就一一实验，并以其所得义务教授同人，一时远近响应，社员甚多。从近代科学发展史看，科学社团是科学发展到一定阶段后，为便于科学交流而创建的。实学社的主要目的是满足虞和钦及其同道了解西方科学的需要，因而还不能称之为完全意义上的近代科学社团。但是它已经具备近代科学团体的某些基本特征，如民间性、自治性、公益性、组织性、学术性等，并且在传播西方科学知识的同时，力求科学研究与社会需求相结合，还奠定了虞和钦等人后来创设的科学仪器馆之基础，培养了钟观光等中国近代最早的一代科学家，故可谓近代科学社团的雏形。在当时的社会条件下，尽管它引进的科学知识和先进生产力非常有限，但却是西方科学技术在中国基层传播的有益尝试，且在民间社团还没有法律保障的情况下，它的创设更具有开风气的意义。

如果说实学社是一个综合普及性团体，那么虞和钦创立的"京师化学会"及其承继者"中国化学会"则是地地道道的专门科学社团。1910年6—11月，虞和钦又被清廷农工商部右侍郎、南洋劝业会审查总长杨士琦选调为劝业会审查官，其间与中国化学会欧洲支会会员吴应干、陆安、邓邦遹共事。因"见自外洋回国学习化学者日益多"，便与同志商议，拟在国内组织化学会。11月，南洋劝业会闭幕，虞和钦仍回北京学部任事，并着手在北京创设化学会之事。翌年八九月间（农历八月），成立化学会的相关事宜已基本完成。学会定名为"京师化学会"，会所设在北京彰宜门大街农工商部劝工陈列所内的工业试验所，并将结社之事呈报巡警总厅，向民政部备案，同时拟订了《京师化学会草章》。虞和钦在随即举行的京师化学会成立会上，与俞同奎、杨华、王季点等被选为学会编辑主任员。然"甫成一会，而遭逢事变，又复阒然"。辛亥革命后，民国肇造，百废思举，"谋所以富国利民者"，除工业之外，别无他择。而所谓的工业，"是在远规欧西制作之原"。于是，国人效法西国，纷纷组建学术团体。1912年1月初，虞和钦的同邑同志钟衡臧在上海发起成立的"中华民国工业建设会"，便是其中之一。不久，为竟京师化学会的前功，实现"谋学术之昌盛，针国工之膏肓"的宏愿，虞和钦与沪上旧时同道，又成立了"中国化学会"，并被举为学会干事。中国化学会成立之初，以上海九江路7号的"中华民国工业建设会"为通信处。他们也拟订了《中国化学会章程》，对学会的名称、宗旨、事务、组织、会员之权利、干事员之权利、经费、机关、会议等事项做了规定。

虞和钦与同道发起成立的京师化学会和中国化学会，其组织形式和学会章程，既继承了欧洲发达国家的化学会设置，又充分考虑了当时中国国情和化学工作者实情，故它们的活动计划具有可操作性。另外，京师化学会和中国化学会，也与中国化学会欧洲支会有间接关系，并均有制定化学命名规则的计划，但因动荡的时局未果，就连学会也没能成长起来。不过，它们的工作愿景和草就的章程，具有相当的史学价值，对后来中国化学学术团体的建设，促进中国近代化学的建制化等方面，也有一定的启示作用。

2. 科学实业的创办

在某种意义上讲，近代工业在中国的发展，可以被看作为科学实业实践的主要范型，正如任鸿隽所说，中国"近世的实业无有一件不是应用科学的知识来开发天地间自然的利益的"。虞和钦一生所置办的实业——早年的灵光造磷厂、科学仪器馆，晚年的开成造酸厂、开明电器厂、建夏化学工业社——也不例外，均为科学实业，其中最具代表者为科学仪器馆、开成造酸厂和开明电器厂。

虞和钦早年研习过《化学汇编》中的《格致释器》《化学器》等介绍科学仪器的文章，后来又有实验造磷和办厂制磷的经验教训，故对科学仪器之于科学研究、科学传播的重要性有充分的认识。于是在1901年10月间，虞和钦与钟观光召集实学社会员，商量以灵光造磷厂余款为基本，另招新资，开办专门经营、制（仿）造科学仪器等教学用品的公司——科学仪器馆。经过虞和钦、钟观光等人的努力，科学仪器馆于1901年12月8日提前开张营业。虞和钦等新办的科学仪器馆，给当时的新式学堂和国内研习西方科学者带来了便利，使国人"讲求科学益有门径"。1902年春，科学仪器馆逐渐步入正轨，且迅速得到发展，不到几年工夫，便誉满沪上，乃至全国，后来发展成为一堪与商务印书馆比肩的"文化事业中之最有名望者"，从而在我国近代科学的中国化实践史上，留下了浓墨重彩的一笔，正如虞和钦自诩的那样："上海为中国科学之发源地，科学仪器馆实为首功"，"我国完全之教育或以是为起点矣"。

开成造酸厂是虞和钦退出军政界开办的首家实业公司。1929年10月，商震调任山西省主席，因不满军阀之间的争执，再加上内心深处的实业情结，虞和钦便决意弃政不复同往，意图重操旧业。虞和钦在北京休整半年后，于 1930 年 4 月回到了上海，随即开始筹备开成造酸厂的建造工作。在筹备过程中，虞和钦为获准工商、军政两部的备案，筹资，建造厂房，选购原料硫化铁矿石等工作，劳心劳力，日夜奔波。开成造酸厂成立后，他被推为厂首任经理。1933 年 2 月 1 日，在经历水灾、"一·二八"事变后，开成造酸厂最终正式投产。由于产出的硫酸品质纯美，故销路畅通，公司各董事也开始树立信心。不久，因增招股本，在筹备增加硝酸、盐酸生产等事情上与公司一些董事有异议，虞和钦便辞去了公司经理一职，离开了公司。开成造酸厂的成功出货，标志着我国从此有专门的民族硫酸制造企业，外人也不能再垄断市价。另外，由于开成造酸厂的提倡，又有一两家制造硫酸的厂家在国内出现了，这不仅使国家漏卮逐渐减少，而且也提高了国内各用酸企业与外企的竞争力。因此，虞和钦开办的开成造酸厂，在中国化学工业史上书写了光辉的一页。

开明电器厂是虞和钦在抗战期间创办的实业。1938 年年初，中日战事使得上海形势日趋不利，虞和钦自思年老力衰，不能为国效力，深感惭愧，便计划赶赴陪都重庆，为国家后防工作尽一份绵薄之力。后在其次子虞先得的劝谏下，未能成行，改为留沪投身后防实业，即筹设开明电器厂，任筹备主任，并开始招股。次年 2 月，开明电器厂开始投产。3 月 12 日，开明电器厂股份有限公司正式成立。次日在公司第一次股东会议上，虞和钦当选为公司董事，并被董事会聘为公司首任经理。开明电器厂所出的各种灯泡，一开始就货精制良，销路颇旺，故后又续招股本，添置机器，增加出品。开明电器厂是虞和钦晚年意欲为国效力的产物，且为他兴办实业中经营时间最长、产品销路最好的一例。新中国成立初期，包括开明电器厂在内的几家私营灯泡厂合并，成立了一公私合营企业——天明灯泡厂。1958年，天明灯泡厂又并入中国亚浦耳灯泡厂，1959年10月中国亚浦耳灯泡厂改名为上海亚明灯泡厂。今日，亚明灯泡厂已是我国照明光源的龙头企业。其厂名中的"明"字，向人们昭示，其前身之一的开明电器厂是不应被后世所忘记的。

3.《科学世界》的创刊与编辑

中国近代纯粹的科学期刊始于清季光绪年间，以英国传教士傅兰雅主持、创刊于1876年2月9日的《格致汇编》为最早。国人自办的第一种科学期刊为新学会于1897年8月7日在上海创办的《新学报》。两年后又有杜亚泉主编的《亚泉杂志》问世，近一年后又被他的《普通学报》取代，但该刊在出版不到两年后，决定停刊。由于虞和钦此前与杜亚泉有一定的联系，加上他们在科学传播上又"同气相求"，故虞和钦等决定接替杜氏的《普通学报》，与科学仪器馆的同人于1903年3月创办《科学世界》，并在其前三期广告页中登载《阅普通学报者鉴》，其中写道："本报自开办至今，共出五期，今因同志诸君另办《科学世界》，未能再续。凡订阅《普通学报》十期者，除前寄五期外，其余五期即以《科学世界》三期交换。"

虞和钦与王本祥共同草拟了《科学世界》的《简章》（载创刊号刊首），确定了"发明科学基础实业，使吾民之知识技能日益增进"的办刊宗旨和期刊栏目（包括图画、论说、原理、实习、拔萃、传记、学名略解、教科、学事汇报和科学小说等）及其功能。

统计《科学世界》所刊的文章，出自虞和钦之手的几乎涉及各个栏目，且所占比例较高，尤其是《学名略解》栏目，出自他一人之手，再加上他与王本祥共同起草刊物《简章》，1905 年初他为逃避清廷对"苏报案"余党的追查离沪赴日留学，而《科学世界》在上一年的 12 月 7 日出版第 10 期后也突然停刊等事实让我们知道：尽管《科学世界》没有明确其主编，但虞和钦就是其实际的主编兼主笔。这在后来《科学世界》续刊编辑徐调均于 1920 年 11 月 4 日晚科学仪器馆举行的欢迎各省区教育会代表的宴会上的致辞中得到证实："敝馆曾经编刊《科学世界》杂志一种，由现任山西教育厅厅长虞自勋先生主任。"

虞和钦依托科学仪器馆这个集科学仪器产销、科技出版和科学教育于一体的实业，主编中国最早以"科学"命名的综合性自然科学期刊《科学世界》近两年时间，共出 10 期，不仅传播科学新知、介绍实业技能、宣扬科学思想、提供科学教育方法与教科内容，而且还在广告中登载一些进步书刊的出版信息，体现了虞和钦办刊的科学性、思想性与进步性兼具的倾向。

《科学世界》的栏目内容，大都为科学性的文章或知识点，不仅可普及科学常识，而且有的还可以启迪国人思想。例如，《学名略解》栏目的文章，可让初学者"得以因名见义，不费脑力"，客观上促进了我国化学等学科的专用名词和术语的统一工作，从而为 20 世纪二三十年代全面实施的科学中国化奠定了基础。其《小说》栏目，是我国科学杂志刊载"科学小说"的先行者，可起到鲁迅所言的"改良思想、补助文明"之作用；栏目中的小说"较之纯文学，趣味诚少；然较之读科学书，则趣味浓深多矣"，这是一般科学文章所不能企及的；尤其是其"取发情趣，不关科学者不录"的选稿标准，更是《科学世界》的科学性之突出表现。另外，《科学世界》也刊发国人自己的科学研究成果，为建立我国自己的科学体系奠定了基础。如虞和钦的《中国地质之构造》（载第二、三期），是国人撰写的地质构造研究方面的第一篇论文，比鲁迅于 1903 年 10 月以笔名"索子"发表在《浙江潮》第八期上的《中国地质略论》（曾一直认为是我国第一篇介绍中国地质方面的文章）还要早。

《科学世界》的思想性主要体现在发刊词和《论说》等栏目的文章中。《科学世界》创刊于 20 世纪初，此时国人的科学素养几乎为零，因此除介绍西方的科学知识外，科学思想的传播，即虞和钦在《简章》所言的"输高尚之理想于我国民"，也是其要务之一。例如，林涤庵（署名为"林森"）、虞辉祖在他们各自的发刊词中提出，讲求实业是救亡图存的当务之急，而实业的发达有赖于科学知识的掌握。另外，《科学世界》所传播的科学思想还体现在虞和钦的《原理学》《现今世界其节省劳力之竞争场乎》和《理学与汉医》三篇文章中。

《科学世界》的进步性，则主要体现在每期首尾的广告中。《科学世界》各期首尾广告，刊载有不少书刊出版信息，例如，第二期关于《女学报》的广告称："本年第二期《女学报》现已出板（版），欲阅者请至三马路苏报馆或新马路华安里女报馆购取可也。"这些广告涉及的书刊，不乏当时的进步期刊，如《译书汇编》《游学译编》《浙江潮》《女学报》等。《科学世界》能在晚清那思想禁锢的年代，刊载这些进步书刊信息，也说明其本身所具有的进步性。

4．科学教育实践

虞和钦的科学教育实践主要体现在担任理科教员和编辑科学教材两个方面。

虞和钦早年科学传播实践中，曾先后在爱国学社、爱国女校、科学仪器馆内设的理科讲（传）习所、北京顺天高等学堂、京师优级师范学堂等校所担任过理科教员。其中在科学仪器馆理科讲习所的授课经历最有意义，因为在此除讲授科学知识外，也宣传民主思想。前来听课者不乏近代进步人士，如蔡元培、章太炎、徐锡麟、邹鲁、柳亚子、陈其美等都曾是其学员。讲习所的学员中，不少后来成为各界闻人，如我国近代生药学、本草学奠基人、先驱和开拓者赵燏黄，著名教育家、哲学家蒋维乔，曾任北洋政府国会议员、新中国最高人民检察署副检察长兼政务院政法委员会委员的蓝公武，近代教育家和地理学专家姚明辉等。他们在这里受到了科学的启蒙教育，有的还奠定资产阶级民主革命的思想基础。

甲午战争后，国人掀起一股"西学东游"的热潮，与之相映成趣的是赴日留学或自学日文蔚为时尚。辛亥革命前后，中国政府当局推行了一系列有助于教育发展的新政或举措，如晚清的兴学诏、癸卯学制、废除科举，中华民国临时政府的《普通教育暂行办法》《普通教育暂行课程标准》、壬子学制，以及北洋政府关于教科书问题的规定和举措。基于西学东游的潮流、国家层面的教育政策等外部形势，以及自身的科学研习和教育部任事经历，虞和钦在1902—1917年间，积极为学校编写或翻译理科教材。在这些教材中，主要以化学为主，大部分不是因约稿的出版机构改组而未脱稿是因时局动乱而散佚。而留存于世仅仅几种，包括编写的《普通学歌·化学》《新制化学教本》等，翻译的《中学化学教科书》《化学讲义实验书》等。这些科学教本，有的一版再版，多次印行，广受各界好评。例如，1908 年，清政府学部颁布《第一次审定中学堂、初级师范学堂暂用书目凡例附书目表》，虞和钦译述的《中学化学教科书》《化学讲义实验书》均榜上有名，其中《中学化学教科书》位列化学类教科书之首。《中学化学教科书》后来还多次再版重印，辛亥革命后亦通过北洋政府教育部教科书审查，截至 1913 年 10 月，再版或重印达 9 次。虞和钦在民国初编写的《新制化学教本》被列入教育部 1918 年 4 月 11 日颁布的《第一次重行审定教科书书目》，到 1919 年 7 月，该书已出第 6 版（今称第 6 次印刷）。

虞和钦所撰译的化学教科书，一版再版，多次印行，可窥知当时这些教科书被广泛选用，受众颇多。其向国人引介化学新知（如元素周期律、原子－分子说）、传播科学精神（如通过化学名家等化学史知识的介绍）的功效，促进近代化学本土化（如列出英汉化学名词对照表）的力度，亦是有目共睹的。

四、科学思想的阐释

虞和钦"科学的中国化"实践也体现在他对西方科学思想的阐释上。他在早年科学传播实践中，将西方的科学称为"理学"，并认为：阐明自然之理的"理学"是生产力，可"补益""消长"中国传统的医学。

虞和钦所谓的阐明自然之理的"理学",即"理科之学",对应英文单词"science",即我们今天所言的自然科学。1904 年 11 月,他在《科学世界》第 10 号上发表《原理学》一文,认为理学"乃以至广至渺之世界观念,而与社会以直接之益者也。其目虽多,而以有实用之智识为尤要。渺远之星球,荒古之地质,人不能知也;有理学焉,则不知者知。腾空之雷霆,弥山之矿石,人不能用也;有理学焉,则不用者用。汪洋之大海,轻清之空气,人不能行也;蝼蚁之谈话,微菌之滋生,人不能闻见也;有理学焉,则不行者行,不闻见者闻见矣"。显然,在虞和钦看来,理学是以从微观到宏观的整个世界为认识对象,是其中能直接给人类社会带来益处的那些观念,即形而下之学,是联系宇宙世界与人类社会的纽带。总之,虞和钦在《原理学》一文中,对于自然科学进行了明确的界定:理学即理科之学,唯有它才能阐明自然之理;同时提出他的"科学救国论":理学的发达,有助于国人认识自然和世界,进而改变自己当时所处的社会经济状况,从而使自己处在社会竞争中的有利地位。

1903 年,虞和钦发表《现今世界其节省劳力之竞争场乎》(载《科学世界》第 6 号),阐述了理学是生产力的科学思想。他说:"西人有言曰:'现今世界大势,勿徒空谈哲理,扩张政权,唯尊尚理学,节减劳力,则效果有不胜言,而富强可待也!'斯言也,余然之,余深然之。"这里的"理学"有技艺之学含义,也就是我们今天所言的以科学为基础的技术;"尊尚理学,节减劳力"则蕴含"理学是生产力"的思想,是"科学技术是生产力"的另类表述。虞和钦在该文中,亦以西方经济社会为例,阐发了他的科学技术观：技术研究乃十年磨一剑的事业，以科学为基础的技术是政治界、经济界的原动力，科学与技术的发展是永无止境的。总之，《现今世界其节省劳力之竞争场乎》一文，正确地反映了科学、技术和经济的关系，即社会生产力取决于技术，技术又借以科学，从而可引导更多的国人转向科学的研习。

1903年10月，虞和钦发表《理学与汉医》（载《科学世界》第8号），在欣赏基于西方科学的西医的同时，对中医的一些弊端有充分的认识，并主张以西方理学来改造传统的中医，以免古老的中医将中华民族带入灭种的可怕境地。《理学与汉医》一文，近年来曾被不少学者视为20世纪初极端否定中医的代表之作。他们之所以有如此的判断，确有虞和钦文中出现"汉医杀人""汉医足亡吾种"等偏执言论之故，但主要还是他们断章取义使然。其实，虞和钦此文的中心议题还是主张以理学改造中医。这是另一种形式的"科学救国"论，而且这种科学救国思想，在后来中医改革的实践中，都有具体的举措。例如，1931年在南京成立的"中央国医馆"设定了"以科学的方法，整理中医学学术及开展学术研究"的宗旨；中华人民共和国成立初期中央政府颁布了卫生工作"团结中西医"的方针后，各省市开办中医进修学校，吸收中医进修、系统学习医学知识，以促进"中医科学化"。《理学与汉医》一文也影响了不少近代中国学人，其中鲁迅是最具代表者。鲁迅是中国近代闻人，以中国文化革命主将而为当今国人所熟知。不过，他早年留学日本时，曾决定放弃已有一定基础的地矿专业而选择医学。据有的学者研究，鲁迅的这个抉择，除了他自己所言的"确知道了新的医学对于日本的维新有很大的助力"外,也与虞和钦的《理学与汉医》一文有一定的联系。另外,虞和钦的以科学改造中医的设想,与他的同乡兼至交,近现代医学家和卓有成效的医学传播者,民国时期废除中医派的领袖余云岫后来提出的用科学"陶铸旧医"的思想,乃是异曲同工。虞和钦和余云岫对待中医的态度是如此的相似,加上他们的交谊,设想虞和钦的"理学可以'消长'中医"的思想对余云岫有一定的影响,亦似在情理之中。

五、结 语

虞和钦是 19 世纪和 20 世纪之交由一中国传统士人转变为醉心科学的新型知识分子。他与同时代的中国其他新型知识分子一道,取代西方传教士而构成 20 世纪初科学中国化实践的一支重要力量。受浙东家乡文化和儒商家庭教育的濡染,他的"科学的中国化"实践,表现出明显的"宁波帮"特点,如以学缘、地缘为纽带,结成科学传播团队;以实业为目的与手段,研习与传播科学;以上海为中心,辐射全国;以桐城派的语言风格为著译旨归,力求科学传播的平民化。另外,他的科学中国化实践,多为始创性的工作,表现出敢为人先的精神。他尽管还称不上严格的(即社会学意义上的)科学家,然而在中国近代化的进程中,以其独特的方式促进了西方科学知识及科学传统在中国生根,堪称中国从传统到现代转型时期的弄潮儿、中国近代化的推动者。

(作者:王细荣)

曹云祥

20世纪30年代中国的"泰勒"

曹云祥

（1881—1937）

科技与管理是实现现代化的两个轮子，一个多世纪以来，两者同步发展，互相促进。在 19 世纪末，当物理学革命的前奏即汤姆生的电子、伦琴的 X 射线、贝克勒耳和居里夫妇及卢瑟福的天然放射性元素这三大发现震惊世界的时候，管理革命也已揭开帷幕，如史密斯的符号工序图（1876）、梅特卡夫的卡片式系统与控制（1881）、唐恩收益分享制（1889）和哈尔西的奖金方案这三项发明。物理学革命的巨头有爱因斯坦、卢瑟福、玻尔等；管理革命的"父亲"则有泰勒、法约尔等。巨头们少年得志，"父亲"们大器晚成。科学管理是伴随着近代采用机器生产的工厂企业的发展而逐渐形成的，多数管理学家本是科技人员（工程师）。号称具备近代科学管理雏形的企业，竟然是瓦特创办而由其儿子管理的索霍铸造厂；与内燃机和电力技术革命相对应的则有福特制（流水线等）。20 世纪中期以来的大科学（与军事技术密切相关）使得"物理"的研究必须借助"事理"的研究，于是运筹学和系统工程等组织管理的技术应运而生。中国的钱学森、华罗庚、钱三强等自然科学家，出于高度的爱国热忱和社会责任感，为了加速祖国的四个现代化，敏锐地觉察到这一新潮流，积极倡导和推行管理现代化。这一段历史早已为科技界、管理界人士耳熟能详。本文则要追溯 20 世纪上半叶中国对于国际上科学管理运动［或称合理化运动（Nationalization Movement），苏联还推行了斯达汉诺夫运动（Stakhanov Movement）]是否有所反应。

旧中国政治、经济、科学技术非常落后，近代企业机器大生产进展迟缓，不能给管理学家提供像样的舞台。但是当时门户洞开，资本主义国家的商品如洪水决堤般涌入，国人忧心如焚，提出了"商战""工战""实业救国""科学救国""教育救国"等口号。对于能够提高劳动生产率、降低产品成本的科学管理，当然也不会拒之门外。我们已经发掘几批史料，例如，早在1914年穆藕初（1876—1943，后任工商部次长）留学美国时就与泰勒联系，着手翻译《科学管理原理》；1917年，哈佛大学工商管理研究生杨杏佛（后任"中研院"总干事）在中国科学社的年会上宣读《科学的管理法在中国之应用》论文；1920年交通大学教授张廷金（首批庚款留美生）出版《科学的工厂管理法》；1925年，清华大学钱昌祚（麻省理工学院航空工程硕士，去台湾后担任过"经济部次长"）在《科学》月刊上介绍了早期的军事运筹学（兰彻斯特战斗动态方程）；1930年，马克思主义学者杨东莼（留日，中华人民共和国成立后任过中央文史研究馆馆长）在《东方杂志》上评述"合理化运动"……可见中国知识界并非毫无动作。本文的主人公曹云祥在管理学界出场较迟，而他研读科学管理则比上述诸人都早。我们考证，他实际上是中国乃至世界最早的MBA（Master of Business Administration，工商管理硕士）学位获得者之一。情况如下：

一、具硕学　擅外交

曹云祥，字庆五，浙江嘉兴人，1881年生。从小跟随父亲曹子实在江苏苏州生活。"少颖悟，异常儿"，"与诸兄负笈梵王渡圣约翰学堂时，即深为师长所器重"。我们知道，圣约翰书院，1879年由美国基督教传道会创立于上海，1892年添设大学部，1906年正式改为大学，其学位被美国哥伦比亚州法律承认，是近现代中国土地上最早建立的大学之一。因此，曹云祥得风气之先，是该校早期培养的大学生。当时正是留学（主要是留日）的高潮，不过他并非一帆风顺地出国，而是先留校任助教，然后到宁波、常州等地任新式学堂教员、教务长。"1907年浙江省派送官费留学生，先生录取焉。"到达美国后，进入著名的耶鲁大学，1911年毕业。入哈佛大学工商学院，"以干才雄辩驰名彼邦"。这段时间，泰勒的科学管理法逐渐风靡美国，以《计件工资制》(1895)、《工场管理》(1903)、《科学管理原理》(1911)的相继出版为标志。由于泰勒的亲密战友巴思（C.Barth，1860—1939）的努力，这所1908年新成立的学院的院长被说服了，使"泰勒制"成为哈佛工商学院管理学的标准内容。1910年，该院在全世界最早设置MBA学位，曹云祥便是冲着这个"时髦学科"而来的，并如愿以偿。

前文提到的穆藕初、杨杏佛等人，穆是1909年自费留美，1914年获德克萨斯农工学院农学硕士学位；杨是1912年以"稽勋留学生"赴美，1918年获MBA学位；张廷金1909年入俄亥俄州立大学，1915年获哈佛大学电机学硕士。又据茅以升说，他在1917年攻读博士学位时，也选学过科学管理（以泰勒著作为教材）。他们这几位回国后都自觉地在工作中运用过科学管理的原理。张廷金编写有关著作，则是因为交通大学（时称上海工业专门学校）1913年就在土木科和电机科开设了"工厂管理法""工业经济"等课程，是由"洋教员"、美国威斯康星大学电机系原主任谢尔屯等人制定的，可见其来有自，与国外接轨，曹云祥所学则更具专业性。

曹云祥随后到英国，在著名的伦教大学经济政治学院任研究员。1914年，他进入中国驻英公使馆任二等秘书，1917年8月，兼署驻伦敦总领事，顶头上司是公使（1914—1920年任职）施肇基（1877—1958，圣约翰大学的学长，留美，清末已官至外务部右丞，1912年任北京政府交通部总长兼署财政部总长）。1919年曹云祥回国，"遍游南北各地，考察国内情形"，因为离他去国已十二年，形势变化不小。1919年7月，曹云祥被任命为驻丹麦公使馆一等秘书，独立"代办使事"。公使是颜惠庆（1877—1950，留美，清末是外务部参议，1912年任北京政府外交部次长，第一次世界大战时是驻德大使，后因中德绝交，便移驻哥本哈根。1921—1927年担任过国务总理、外交部总长等职）。曹云祥在西欧从事外交活动的时间，正是第一次世界大战及战后的一段时间。在这段时间里，他为华人和侨胞争取权益，还帮助波兰在国际联盟维护其利益，因此获该国政府赠予宝星（勋章）。1921年回国任外交部秘书，后任出席华盛顿会议中国代表团秘书长帮办（助理）。当时外交部的组成是总长、次长、四位司长、四位参事、四位秘书，以下便是各司的职员，他的职位不低于副司级。

二、领清华 勖学子

1922年4月,外交部总长颜惠庆签署部令,"派曹云祥暂兼代理清华学校校长"。10月,正式署理校长。12月,校"董事会为节省经费计,裁撤副校长一职"。似乎曹云祥可以大权独揽了,其实不然。清华学校在清末是游美学务处,为将美国"退还"中国庚子赔款的余款,用于培训和派遣留美学生,所设置的机构(后称清华学校)。这笔款项每年从中国政府关税中提取付给美方,再由美方"返还"清华学校,到1940年支付完毕。所以清华不属教育部而归外交部管辖,而大权由美国公使馆和中国外交部官员组成的清华董事会操纵。1917年8月,由外交部总长、次长和美国公使三人组成的"清华学校基本金委员会"控制了财权。1920年2月,董事会改组,由外交部部员二人和美国公使馆参赞一人组成,学校的"一切事务"与"各项问题"都得由董事会认可,校长也由董事会荐举,实权"则操之于美国公使馆之洋董事"。曹云祥来清华前已经是董事,任校长后,立即感到"董事会问题不能解决,则校务一日不能发展,纵有种种计划,亦属空言无补"。可是他拗不过外交部,外交部又拗不过美国公使。北京政府(北洋军阀政府)内外交困,始终不能解决这一问题,直到1927年9月才决定改组董事会,增补了几位教育家,但美国人仍占三分之一,职权也没有实质性改变。这是他在职的大障碍。

由于五四运动的影响,清华的学生运动相当活跃。1920年1月赶走校长张煜全,接着又拒绝新任命的校长罗忠诒到职,1921年秋季开学时赶跑校长金邦正,总称"三赶校长"。就是说,舆论和学潮的力量,对付外交部派来的个别部员还是起作用的。曹云祥必须善待舆论,体察民情。清华教师队伍,人数不多,由外籍教师、中国文史哲教师及留学归国的硕、博士三部分组成,后一部分(特别是由清华培养派送出国再回校的)力量逐渐举足轻重。曹云祥年资比他们深,学力也相埒,但缺乏大学的工作经历,又不是清华出身,工商管理和外交事务不被这些理、工、政、文科的学者特别看重,要得到他们的拥护并不容易。

在这样的主客观形势下,曹云祥注意到,清华学校此前已经历了两个阶段:留美预备学校时期(1912—1916,教学内容相当于美国高小至中学的程度);美国式基础大学时期(1916年秋—1921年,程度提高到相当于美国大学二、三年级)。他便将此一时期定名为建设中国式大学时期。其原因是随着留学生的大批回国,中国其他高等学校已逐渐达到本科水平,清华也不应再浪费人力财力在较低层次的培养上,而应使培养学生在毕业后可以进入外国大学的研究生院(他称为"大学院"),这样既可使派出留学的人员缩短留学时间,又可使他们获得更高学位并节省留学费用。

曹云祥这一办学目标,与他的科学管理原理,即"效率"(他译为"效能")观念有关。"所谓效能,不外能于最多数人中,得最多量之益,且历最多时之期间而已。"指最优化原理。摆在清华学校面前的现实问题:是年复一年足额派遣留学生,把这笔庚款用完然后学校关门大吉?还是提高程度、压缩派遣人数和时间以逐年节省下一笔款项来保证自办大学和留学事业永远持续下去?"孰得孰失,亦彰彰已。"显然，后者符合现代的时髦话："可持续发展。"曹云祥作为一位MBA学位获得者，为清华的经费算了一笔账，他分四个阶段考虑：一是扩张（1908—1921），二是短绌（1921—1926），三是转移（1926—1931），四是积储（1932—1945）。计算表明，第一阶段因学生基数小，可盈余300万元，到1926年本息合600万元，但第二阶段因在学和留美学生都达到高峰，需挪借100万元，到第三阶段再挪借110万元；这时留学人数在减少，滞美时间也缩短，到第四阶段的前四年可以将两项挪借之款补偿，"则其余各年之盈余，积存可至5百万元之总额，以其息金弥补1939年至1945年间之短绌，则原存基金，可以保持不动，逐年递积，至（庚子）赔款告终时，至少（存）得3千万元，是为清华大学永久基金，其息金每年至少得2百万元，为大学及少数留美学额之常年经费焉"。这方案可行。

既然如此，现在就是要设立大学部。仍留在校内逐年毕业准备赴美的学生称为旧制部。大学部如何办？1924年2月，他聘请周诒春（前校长）、胡适、范源濂、张伯苓、张景文、丁文江为清华大学筹备顾问。5月，他出版了《西方文化与中国前途之关系》。他设想的大学部，划分两段学程，第一段叫普通科，修学年限为2—3年，"予学生以综合的训练"，使"先有完满之普通知识以为基础"；第二段叫专门科，使学生"有二三年专门之知识"，能"有专精之研究"。他认为，"所谓教育，并非专事诵读记忆而已，是欲养成高尚完全之人格，为立足社会之准备"。关于专门科的专业划分、课程设置，原来设想比较完备，例如商业门（系），就有商业银行、汇兑论、工商理财、商业管理、国际贸易、保险学、运输学、高等会计学等，还让学生"自由选习"和"专题研究"。后来发现，他自己任职的时期正是"学校最感困难的时期"，不可能贪大求全，所以还是采用一般大学的四年制，系科设置（数量上）也适可而止。

曹云祥在大学部之上还有第三步的设想，"注重独立而有系统之思想"，要按"书院制或学徒式"办法培养，这就是研究院。由于经费所限，先只设国学一科，"乃为中国养成通才硕学"。导师资格：国内硕学重望，且通知中国学术文化之全体；具正确精密之科学的治学方法；稔悉欧美日本学者研究东方语言及中国文化之成绩。必须三者兼备。这"在中国实属创举"。执行的结果，聘任了王国维、梁启超、赵元任、陈寅恪（以上为教授，"宏博精深、学有专长"）和李济（讲师，"于某种学科素有研究"）5名导师，首届（1925年）面向全国录取了33名研究生，清华本校只占3名。可以说，在20世纪中国国学领域，一次集中这样高水平的大师于一校一科，这是空前绝后的，在教育史和学术史上也一直传为佳话。

曹云祥这两项重大举措，体现了他领导下的课程委员会拟定的教育方针："清华希望成一造就中国领袖人才之试验学校"；"清华大学教育应特别奖励创造学力、个人研究和应付中国实际状况及需要之能力"；它的基础教育部分，"在使将来之领袖人才受广阔的基本训练；其方法在利用教室内外实际生活之动作，使经验近世文化之要领"。至于它的专精部分，曹云祥认为"可以利用科学方法，并参中国考据之法"，"希望研究院中寻出中国之魂"。为了把研究院办好，他在章程中明确规定"清华学校校长总揽本院一切事务"，是敢于负责的。时间过去了四分之三个世纪，在"科教兴国"和知识经济呼声日高的今天，回顾清华大学多年来的成绩，不能不佩服曹云祥等人的胆识。

曹云祥的这些思想，从管理学的角度看，属于人力资源的优化和增值。他跳出清华小圈子，站在合理利用清华留美经费的立场，1925年还宣布，"四年以后，公开留美考试，并非专派清华学生"，"每次考送以三十名为限"。这就强化了竞争机制，当然也触动了部分清华人的既得利益。作为一位管理学家，他还重视人力资源的发现、甄别和利用。这要运用第一次世界大战中鉴别兵员的工业心理学（职业心理学）方法，这是早期的行为科学成果。他积极支持提出这一想法的留美心理学博士庄泽宣教授，1923年就在学校设立职业指导部。这在全国大学又是独树一帜。他们认为，"清华为国中一重要教育机关，学生择业当否，关系国家前途非浅"。这是指清华派出的留学生应当接受选择何种专业的指导，以便适合自己的特长、兴趣和国家的需要，免得影响个人的成才和浪费国家财力。职业指导部花了一年时间，广泛调查学生的兴趣、特长、志愿，收集社会各行各业对其从业人员的要求和标准，统计清华回国学生对自己所学专业的看法和评价，以及是否学用一致。将这些信息和数据分门别类，绘制图表，还去函美国75所重要高校索取学科专业的情况、特点和要求的详细材料，然后对学生进行科学的测试。还聘请各学科专家给学生做报告，讲述各科各业的具体要求，如梁启超讲"文学与史学"，丁文江讲"地质学及矿学"，侯德榜讲"化学与化工"，马寅初讲"商业与银行"，秦汾讲"天文学与数学"……曹云祥亲自出马讲"外交"。所讲授课程由高材生记录成文，编印成书出版。给曹云祥做记录的是梅汝璈和冀朝鼎，他俩后来分别成为著名的法学家和经济学家。很长一段时间里，高校毕业生大体上是供不应求的，我们对于职业指导（升学和择业）不大重视。但近年来有的专业供过于求，有的学生学非所长、用非所学，下岗失业等现象逐渐增加，可见过去的职业指导所采用的一些"预研"还是可供参考的。曹云祥的做法可取。

清华出身而留美的政治学博士钱端升（1900—1990），是"少壮派"中极具独立见识和批判精神的代表人物。他1925年在报纸上公开评论："曹校长任事已三年余，虽种种积弊未能尽除，然其宽大之气，有足多者。年来学风安静，士子得以安心向学，其功非小。"如"延致通儒"以"振清华之门楣"，"创造基金，谋清华之亿万斯年"等，"吾人固望其能久于其任，致力于校务之改良，且免种种问题之发生"。不过，在他眼中理想的校长，"必其人为学者而负时望者，如有办学经验，而与外（交）部或清华无关者，则更佳"。梁启超则认为"大学的组织应当以'教授团'为主体"，"大学校长，可以由教授团中推举"，"或者各教授轮流担任"，"我极希望将来能得一位清华毕业在美学教育的来当校长"。他们认为曹云祥是外交部官员，不如学者地位之超脱。梁启超还感到"美国人最重视现代实务"，美国的商科之类，"在彼最适用者，在我或为最不适用"。曹云祥学的正是这种专业，学术地位便不被推崇，这是曹的"弱项"。

曹云祥既受制于董事会，下面的权力又"渐已为本校毕业回国同学所支配"。他手下两任教务长，张彭春（1892—1957）是清华（学务处）选派的第二届留学生，1916年哥伦比亚大学文学硕士；

梅贻琦（1889—1962），比张彭春还早一届派出，1914 年沃斯特大学电机工程学士，1921 年再赴美进修一年。他们是清华的元老，容易得到同学同事的认可。曹云祥 1925 年设立的新校务会议，由 10 人组成，包括各部主任和 4 位教员代表，其中专任职员（不兼教学）的只有 3 人（包括曹自己）。按说作为行政权力机构是正常的组成，但仍受到"教授治校"论者的批评，认为职员（包括兼职者）的权太重。曹云祥的权力和地位，受这几人的牵累不小。但要他直接依靠教授会（或推举的评议会），他又没有十足的把握。处置对上对下两件大事都不够果断，这是他领导（管理）工作的失误，或者是性格和环境使然。1927 年，北京政府由奉系军阀控制，南方蒋介石和汪精卫攫取了北伐战争果实，宁汉合流建立国民党南京政府，北京的外交部已处于瓦解前夕。曹云祥虽使"清华有六年之小康"，"民十六年（年底）终以校务棘手而辞职"。

曹云祥与同时期北大的蒋梦麟（1886—1964，1908 年赴美，1917 年哥伦比亚大学哲学博士，1923 年代校长）和其后的梅贻琦（1931 年任清华大学校长）相比，主观条件未遑多让，施政能力和对教育的见解也各有千秋，但这两人在教育界的根基都深得多，任职时间也长，以致在教育史上都很有名气。曹云祥时代的清华学校毕竟还处于过渡时期，与后来三四十年代（含西南联大时期）成熟阶段的学术盛况也不好比。我们不能苛求于他，我们应当对历史负责。

三、宣科学　传管理

1928 年 1 月，北京政府外交部批准曹云祥的辞呈，于是他南旋上海。凭借学历和在海内外任职的情况，他很快就被英美烟草公司驻华总部聘为劳工问题顾问。这是一家跨国性托拉斯组织，1912年成立于伦敦，1919年在上海设分部（1936年迁香港），控制着旧中国大部分烟草种植、卷烟生产和销售。这时正是大革命之后，资方慑于中国工人阶级的觉悟和伟力，不得不用高薪请几位中国有声望的士绅居间联系。曹云祥觉得这种闲职可以接受，有时间还可从事其他社会活动。他担任了中国红十字会总干事，不久，翻译了《德国商战之策略》（1929年出版）。这本书由德国黑卓著，是有关在第一次世界大战后向该国政府献策，如何在工商业对外贸易中取胜的。曹云祥说，自己读后，"亦欲将著者深远之策略，与抵御外商之方法，供献吾国政商二界耳"。"政府与商会，当合力提倡，审慎研究，从事准备与组织，始有达到目的之望。"他还提到，自己曾译《商业要览》一书，"冀以唤醒国人，准备抵抗商战，以固国民生计"。这样明显的意图，英美烟公司当然清楚：曹云祥不是自己人。终于双方意见不合，曹云祥辞职。

1930年，国际科学管理学会的总干事厄威克希望中国也建立相应的学会，以便在中国推行科学管理。他向工商部、经济学家刘大钧、燕京大学经济系主任戴乐仁分别写信，还通过国际劳工局中国通讯处陈宗城直接与中国官方联系。工商部长孔祥熙看到国际上这股科学管理潮流，便派副手穆藕初到上海去发动和筹备，邀集了工商界知名人士和学术界人士，还有一些官员开会商讨，草拟会章，收集提案。1930年6月29日在银行公会举行成立大会，孔祥熙从南京赶来，戴乐仁是特邀来宾，与会者近200人。孔祥熙的开会词称：

"我国工商企业落伍已久……今欲为根本整理、通盘筹划之计，自当以厉行经济设施的合理化及工商事业之科学管理化为第一要义。"大会通过会章，将学会定名为"中国工商管理协会"（以下简称"协会"），英文名 The China Institute of Scientific Management，即"中国科学管理学会"。会章的一条宗旨提出："本会以研究科学管理方法，增进工商业生产效率，实现民生主义为宗旨。"

大会选出15名理事，按得票多少为序依次是：孔祥熙，穆藕初，刘鸿生（火柴、水泥大王），寿景伟（工商部商业司长，留美博士），潘序伦（著名会计师，留美硕士），杨杏佛，胡庶华（中国工程师学会会长，留德高工），陆费逵（中华书局总经理），李权时（经济学家，留美博士），荣宗敬（棉纺、面粉大王），王云五（商务印书馆总经理），潘公展（上海市社会局局长），赵晋卿（工商部访问局局长），徐寄庼（中国银行代表），钱承绪（中华工业总联合会代表）。理事会聘曹云祥为总干事，"秉承理事会办理本会一切事务"。下面有干事部，再分各股，每股有主任干事一人，干事若干人。会章规定，"理事长、常务理事均为名誉职"，工商部按月给予协会几百元补助，但付去工作人员工资就所余无几。一年后孔祥熙另有高就，"政务繁忙，对于会务不克兼顾，所以理事长的职务，就由曹先生继任了"。

曹云祥"不但不气馁，并且更积极"面对工商界的观望态度和会中经费拮据情形，决心干好一件件实事。首先是编印"科学管理丛刊"（丛书），出版了王云五的《科学管理法的原则》（1930），曹云祥译的《科学管理之实施》（1931），刘鸿生等人论文集《工商问题的研究》(1931)，众多专家在协会叙餐会上的报告选集《演讲录选编》(1933)，还有《德国商战之策略》等也被列入该丛书。

这里稍稍介绍曹译《科学管理之实施》。序言指出美国一名工人利用机械，"其工作效率可抵华工8人"，"今美人又利用科学管理，增加效率至二三倍之多"，唤起了国人的危机感。全书共分10章，简论"什么是科学管理法"，说明科学管理的原理，原理的应用，怎样用秒表核定标准的工作量和审定各人的工作，对库存货物出入的权衡统计，减少积压或匮乏，计划部的工作，工人的招募与训练，工人的养成及工资的支配办法、激励办法，等等。

协会每月举行一次叙餐会，借此加强联系、交流信息、研究问题。由曹云祥出面邀请主讲人，并定好题目。这些人都是对某种经营管理有丰富经验或理论分析的专家，会上请速记社派人做详细记录，由协会人员加以整理，提供报刊发表。例如孔祥熙讲《工厂法推行问题》，徐佩璜教授讲《工商管理人才之训练》，胡庶华讲《工厂管理之科学化》，曾同春讲《八小时工作制与科学管理法》，章乃器讲《十五年间管理及被管理之心得》，安绍芸会计师讲《成本会计制度》等。直到曹云祥逝世，这样的讲座坚持了7年，总次数约70次。曹云祥毫无疑义处于管理学界的联络中枢位置。

协会的另一宣传喉舌是1934年5月创办的《工商管理月刊》，英文名 *The Scientific Management Monthly*，即《科学管理月刊》。请孔祥熙题写刊名，在创刊号上还题了"通惠南针"四个字，即"通商惠工的指南针"之意。曹云祥署名的《发刊词》称："中国处次（半）殖民地之地位，受各个帝国主义者之经济侵略，工商企业，落伍已久……"要赶上去,"舍发展民族资本,振兴本国实业不为功"。而要发展实业,不但要有资本、劳工,"沿至今日,则管理已成为一种专门科学,而为实业(诸)要素之中心。"本学会通过几年的工作,"已博得社会间渐感管理科学之重要,而实业界亦深悉管理与实业有密切之关系焉"。本刊"谨汇集专家名彦关于科学管理各种论著或其译述",使各工商团体和个人,"得以参考寻绎"。第一期还刊登了曹云祥翻译美国劳工部长潘金丝女士写的《美国复兴运动的意义》一文,讲三年来经济大危机下罗斯福政府的新政。这是一个宏观经济管理问题,比通常意义上的科学管理广泛许多。在第一卷第六期上,曹云祥撰写了《科学化的事业管理》,这是他的一本书稿,准备陆续刊登。所谓"事业",即 business,含义很广,如"工商业"等。这次登载的第一章引言,指出什么是科学方法、本书宗旨,以及强调"事业之成本,大抵以管理之组织良否为转移"。此书未登完,也未能出版。

在第二卷第一期上,曹云祥介绍《本会最近一年工作概况》,讲了几个大的方面:(一)出版事业,即上文的"科学管理丛刊"和《工商管理月刊》,"可称为现时中国唯一研究管理科学之刊物"。这里出现了"管理科学"一词,似乎以往中文书刊还没有提到过。(二)养成管理人才,提到"凡百经营,无不首重人才,而管理人才之养成,实为当今工商界之急务,故本会除与沪江大学商学院合办科学管理训练班外,复在本会内与机联会合作,开设工业管理讲习班,先从中级人才入手,由各厂保送在职人员,教授工厂内之管理实际问题及注重服务道德。每班限三月毕业,加入者颇形踊跃,现第一班有学员九十余人。一面复筹备开办工商管理补习学校,分日、夜二校,均定两年毕业,教授各项管理科学。因时间问题,决定明年(1936)开学"。讲习班第一班学习 4 门课程,即生产管理、会计制度、人事管理、推销问题。每周 4 个晚上,每次 2 小时。1935 年结业,还成立了同学会,以便今后继续联络,共同在企业中推行科学管理。关于中国工商管理补习学校,1935 年 8 月董事会开会推举曹云祥为董事长兼校长,程守中为副校长,聘唐泽焱为校秘书长。决定先开办夜课班,招收初中毕业以上的职工及有志者,课程每期有 8 门,如第一期是经济学、商业概论、科学管理概论、会计学、簿记学、人事管理、市场学、工商法规等。

堂堂的原清华学校校长,离职后不再钻营当官(事实上北京政府外交部的一些官员又在南京政府供职),居然愿意为工商企业的小职工(文化程度"初中以上")办补习班、当校长,这反映出他为推进科学管理,从基层抓起,从培养骨干做起的务实精神,和有教无类、造福人群的胸怀。

协会善于利用信息渠道和大众传播媒介。"为使全国各机关(构)及各地民众了解科学管理的内容及重要(性),并提高宣传效率起见,特商假南京中央广播电台广播演讲。"派唐泽焱主任干事在 1936 年 5 月 25 日、6 月 1 日、6 月 8 日晚 8 时半至 9 时播讲,讲题分别是"科学管理的起源与内容""中国军政机关实施科学管理的必要""实施科学管理的步骤"。"全国各地电台一律转播,收效至为宏伟云。"

在此之前,曹云祥还在 2 月 15 日出版的月刊上发表本人署名的《召开全国管理会议》的倡议。"拟在本年内召开","凡全国各军政机关及工商团体均可派代表参加。会议的目的，在集全国管理人才于一堂，讨论各种管理的实施具体办法"。可是直到1937年还不见这次会议的报道，中途流产了。

曹云祥还以协会总干事名义，在《工商管理月刊》上刊登本会成立"服务部"（咨询部）的中英文广告，"兹愿以科学的方法，扶助公司及工厂，解决组织与设计上的困难"。并保证"当为公司严守秘密，以免工作进行发生障碍"。这里指各公司的内情、矛盾、问题，以及职工对科学管理不理解、可能采取抵制行动等障碍。他拟订的服务项目包括行政与组织、人事管理、生产管理、财务管理、销售管理、事务管理、成本会计，共7种，供企业采择。服务方式和步骤是：通过与委托方谈话，发现和接受当改问题；派人实地调研，写出书面报告，分析问题，提出改组办法；采用科学管理方法对企业进行改组。具体实施可派专家办理，或训练该团体（公司）内部职工进行。他们曾应华生电器厂厂主叶友才之请，派程守中、翟克恭前去调研，采取了一些针对性的办法，"便使生产量增加甚巨，引起其他工厂注意"。

曹云祥呕心沥血、惨淡经营，维持了协会6年多的运转，1936年3月，《工商管理月刊》"编者的话"突然透露："不幸敝会经费中断，几期以来须编者竭力维持，虽仍然照常出版，但是现在已筋疲力尽了，将到万不得已的时候，本刊恐要与读者永诀了。"当年办刊之艰辛可见一斑。

他们仍在坚持。1936年6月，协会会员以通信投票的办法，正式选出第二届理事会，由曹云祥、胡西园（亚浦耳电器厂经理，留学生）、蔡声白（丝绸业代表）、项康原（康元制罐厂厂主，推行科学管理的样板）、方液仙（中国化学工业社总经理）、潘仰尧（上海职业指导所）、王云五、吴蕴初（天原、天厨等化工企业业主）、徐寄庼、程守中（复旦大学原教授，机制国货工厂联合会总干事）、黎照寰（交通大学校长）、何清儒（人事管理学会理事长）、计健南（三友实业社负责人）、史久芸（商务印书馆协理）等14人组成，前5人为常务理事，曹云祥为理事长，程守中为干事长。理事的组成表明协会已从"官、产、学"体制变成"产、学、研"体制，完全是学术性民间社团了。这既是一种进步，也反映国民党政府工商部对科学管理完全撒手不管，任其生灭，当初不过是"叶公好龙"而已。

曹云祥的工作之弦始终绷得很紧，导致心脏病悄悄袭来，1937年2月8日闪电般一击夺走了他的生命，享年56岁。程守中在悼文中说："在中国专门研究科学管理的团体，历史最久的，应该算是本会——中国工商管理协会了。而这个团体的创立，我们又不得不说是曹先生的力量最多；他不仅在组织本会时备尝艰辛，而且也是国内提倡科学管理的第一人！他那种研究的态度和提倡的精神，在中国的确不容易找到第二个。""我们称他做中国的'泰勒'，也不能说过分！"程守中回忆，曹云祥生前常对他们说："科学管理在中国，力量还很薄弱，我不过是播一个种，耕耘的工作，是要你们来完成的。"

曹云祥的追悼会由中国工商管理协会、中国红十字会、上海清华同学会、全国体育协进会、国际问题研究会、上海机制国货工厂联合会、上海基督教青年会、全国青年协会、培成女子学校等9团体举办，3月20日在八仙桥青年会大礼堂举行。这些单位反映了曹云祥晚年的社会圈子。"讣告"称他来沪后"专心从事译著及赞助推进一切文化慈善事业"，应当承认是实事求是的。到会团体代表及曹氏中外亲友400余人，由黎照寰当主席，陈锦涛（1871—1939，耶鲁大学经济学博士，曾任财政总长）、赵晋卿（1882—1965，实业部常务次长，基督教联合会会长）致悼词，曹氏子侄曹懋德致谢词。

会场有挽联百余幅。上海市市长吴铁城（1888—1953）这样写道：

热泪洒神州，想当年挟策欧西，万里风云舒健翮；
英才销江左，叹此日骑鲸海上，千秋事业付颓波。

前任外交部部长王正廷（1882—1961）挽联：

具硕学，擅外交，功在凌烟无遗憾；
富热忱，乐公益，名留青史有余荣。

潘公展（1895—1975，后任《中央日报》主笔）题写的是：

蓄道德，能文章，盟会早蜚声，此去固知升天国；
勖青年，教学子，讲坛羡多士，后生应各哭先知。

(作者：许　康　劳汉生　李迎春)

任鸿隽

中国现代科学事业的拓荒者

任鸿隽

（1886—1961）

当我们在灰裹尘封的旧籍中寻觅中国现代科学事业发展的头绪时，任鸿隽（1886—1961）的名字会不断闪现出来。这个名字对当代的中国人来说，多会感到陌生，而在20世纪二三十年代，此公乃是科学界和教育界的班头人物。

一、秀才造了三年反

任鸿隽祖居浙江归安（现湖州南浔区）菱湖镇，那是明清间"买卖兴隆通四海"的江南名镇。太平军攻占杭嘉湖一带时，任鸿隽的祖父辈逃往四川。父亲章甫公纳粟入官，到垫江县做了一个小而轻闲的典史，一任就是30年。任鸿隽于1886年12月20日出生在垫江。他兄弟姐妹七人，在兄弟中行三（后来取字叔永，"叔"由三来）。按家中规矩，无论男女，到6岁都要上学。鸿隽于家馆初习八股。1898年，考取了垫江县书院的住院生。经学之外，又新开算学，这个12岁的聪明孩子，在12次月考中得了12次第一名。按老师的嘱咐，他于1904年冒充巴县籍到重庆应院考，在1万多名童生中考取了第三名秀才，他赶上了中华帝国科举考试的最后一班车。

任秀才住进重庆府中学堂，第二年即在速成师范班毕业，学得了一些物理、化学、教育学、心理学之类的新知识。毕业以后，他在重庆的开智小学和一家私立中学教书，一年下来竟有大约200元的积蓄。为了求知,他放弃了教职,登船顺江东下,进了大上海的中国公学。

中国公学,本是由留日学生因反抗日本当局的压制而回国组建的。校内革命气氛浓厚,被视为革命党的大本营。任鸿隽进校的第一件事就是剪掉辫子。为时不久,他嫌学校功课程度太低,就于1908年初东渡日本留学。先是补习日文,并由同乡友人介绍加入了孙中山领导的同盟会。当时国内革命形势已是如火如荼,在日的同盟会员有的秘密购运军火,有的私制炸药。任鸿隽曾到宫崎寅藏(笔名白浪菴滔天,孙中山的老朋友)家中取过手枪,携回住所再转手,张奚若就曾经与其接头。在自制炸药的朋友中,有的炸伤了自己。有感于此,任鸿隽于1909年秋天考进东京高等工业学校应用化学预科,目的就是将来制造炸药。在此期间,他先后担任了同盟会四川分会书记、会长,并曾参与总会事务。他为国内宣传鼓动工作赶印过大量传单,发表过《川人告哀文》和《为铁道国有告国人书》,也曾在抑郁无聊之际,"灯寒方学剑,酒罢亦吹箫"。

革命来得很快,任秀才参加造反的第三个年头,武昌起义爆发。他毅然抛弃学业和书物,怀一腔热血匆匆回国。为组织蜀军一事,他专程去武昌拜访了黎元洪,后因四川已告独立而作罢。

1912年元旦,孙中山在南京就任临时大总统职,任鸿隽到总统府秘书处工作,与吴玉章同在总务组(杨杏佛在收发组)。此间,他为孙中山起草过《告前方将士文》《咨参议会文》《祭明孝陵文》等。4月间,南北和议结束,孙中山让位给袁世凯。任鸿隽一班年轻人不愿到袁政府中做事,就要求到欧美学习。他拟了呈文,有杨杏佛等 10 余人签名。孙中山批示由稽勋局（负责考察有关人员对辛亥革命的贡献）办理，经过一番周折，任鸿隽终于作为第一批"稽勋生"获得批准。

这一年初冬，任鸿隽和杨杏佛等人登上"蒙古号"轮船，驶向了大洋彼岸。

二、《科学》杂志与中国科学社的创始

1912 年 12 月 1 日，任鸿隽到达美国纽约，随后入康奈尔大学文理学院学习。

康奈尔大学位于纽约州的伊萨卡，校园环境非常优美。该校不属于任何教派，课程设置广泛。在下设诸多学院中以文理学院和农学院招生最多。中国清朝末年派出的庚款生，有很多人来这里入学。他们又大多是在 1902 年清政府推行"新政"之后按新制读完了中学，再通过游美学务处组织考试录取赴美的，称为"甄别生"。这些人学业基础较好，到美国后受国内政局影响较小，一般都孜孜务学，有浓重的书卷气，不似留日学生那样易于投入政治活动。比他们稍晚来的任鸿隽、杨杏佛，是于辛亥革命有功的稽勋生，有组织工作和宣传工作的经验。甄别生与稽勋生聚合在一起，产生出了一股巨力的能量。任鸿隽后来遥想当年，有这样一段回忆文字："1914 年的夏天，当欧洲大战正要爆发的时候，在美国康奈尔大学留学的几个中国学生某日晚餐后聚集在大同俱乐部廊檐上闲谈，谈到世界形势正在风云变色，我们在国外的同学们能够做一点什么来为祖国效力呢？于是有人提出，中国所缺乏的莫过于科学，我们为

什么不能刊行一种杂志来向中国介绍科学呢？这个提议立刻得到谈话诸人的赞同。"

据赵元任当时的日记，记6月10日这天"晚间去任鸿隽房间热烈商讨组织科学社出版月刊事"。大家公推由胡明复、杨杏佛和任鸿隽负责起草工作。

《科学月刊缘起》中说："今试执途人而问以欧、美各邦声名文物之盛何由致乎？答者不待再思，必曰此食科学之赐也。……同人等负笈此邦，于今世所谓科学者庶几日知所亡，不敢自谓有获。顾尝退而自思，吾人所朝夕诵习以为庸常而无奇者，有为吾国学习所未尝习观者乎？其科学发明之效用于寻常事物而影响于国计民生者，有为吾父老昆季欲闻知者乎？……诚不知其力之不副，则相约为科学杂志之作，月刊一册以饷国人。专以阐发科学精义及其效用为主，而一切政治玄谈之作勿得阑入焉。"

这里强烈表达着一种奉献精神，就是要传播西方科学知识以启蒙国人。

大致可以推断，这个缘起出自任鸿隽的手笔。他自幼打下了深厚的国学基础，在日本留学期间曾师从章太炎，民国之初为孙中山拟文稿，抵美数月就成为《留美学生年报》的主笔之一。1914年，该报改为季报，他出任主编。胡适说"叔永乃留学界中第一古文家"。创办《科学》的发动阶段，起草此类鼓动性文字的任务，很自然地会落在他头上。在缘起上作为发起人签名的有9人，顺序是胡明复、赵元任、周仁、秉志、章元善、过探先、金邦正、杨杏佛、任鸿隽。其中头两位在文理学院，同年级且同居一室，第3位在工程学院,第4—7位在农学院,这7人是甄别生,1909—1911年间赴美。余下的杨、任是稽勋生。杨在工程学院,与任同级。任在文理学院,年长资深而名列最后,恰恰暗示着是由他起草,送出按传递方便的顺序签字,自己则签名于最后。这也是中国读书人交往中的惯例。后来成立董事会,任鸿隽有了"名分",列名位置就由倒数第一改为正数第一了。

经过几个月的紧张活动,股金集到500余元,稿件也凑满了3期,随即请人把文稿和经费送回国内。1915年1月,《科学》创刊号由上海商务印书馆印行问世。

在《科学》创刊之前,中国人使用"科学"一词是理解为与传统儒学相对的西方的分"科"之学。留美学生按照美英等国对Science的理解办《科学》,开始了"以传播世界最新科学知识为帜志"的崭新事业。"科学"一词在中国的相对规范化,即始于《科学》杂志。

《科学》的《发刊词》,起笔即指出"世界强国,其民权国力之发展,必与其学术思想之进步为平行线,而学术荒芜之国无幸焉","学术门类亦众矣。而吾人独有取于科学"。在论述了科学对物质文明、人类健康、知识进步和道德建设的巨大作用之后,大声疾呼:"继兹以往,代兴于神州学术之林,而为芸芸众生所托命者,其唯科学乎,其唯科学乎!"

这篇发刊词全面地阐述了科学的社会功能,突出地宣扬了科学救国的思想,最早"并举"起民主与科学的旗帜,发出了中国知识分子召唤现代化的先声。

从《缘起》到《发刊词》不仅基本思想相同，且用语亦多重复，似可推断，中国科学史上的这篇划时代的宣言书是任鸿隽的杰作。

起初的科学社只是为了办杂志而成立的集股公司性质的松散组织。后来大家觉得，为了全面推进科学事业，有必要把科学社改成学会性质的组织。于是推举胡明复、邹秉文和任鸿隽三人起草新社章程。社名定为"中国科学社"，以通信方式于 1915 年 10 月 25 日获得全体社员通过。同时选举任鸿隽等 5 人为董事会成员，任氏为董事长兼社长。

从科学社到中国科学社，核心问题是要求社员之间的关系以"学问"为基础，并把"以传播世界最新科学知识为帜志"扩展到"以联络同志共图中国科学之发达为宗旨"。

中国科学社的创始者们，当时只意识到"中国之科学学会亦即以是为嚆矢"，实际远不止于此。《科学》杂志的创始把西方科学在中国的传播史带到了新起点，中国科学社的创始则是推进中国科学体制化的里程碑。

《科学》创办初期，主力是任鸿隽、胡明复、杨杏佛、赵元任四员大将。印刷出版费用是靠社员交会费，他们须带头多交。稿件须他们多写，不但没有稿费，而且要自贴纸墨邮资。任鸿隽在头三年的 3 卷 36 期中，除未署名者外，大致是平均每期一篇文章。这些文章可分为三类：一是科学通论类，二是化学知识类，三是化学家小传。有特色的是第一类。如《说中国无科学之原因》《科学家人数与一国文化之关系》《科学与工业》《科学与教育》《外国科学社及本社之历史》等。尽管这些文章有很重的译述成分，自家有所立论也明显稚嫩，但须知那是中国科学的洪荒时代。他不仅把科学事业的方方面面一一向国人道来，而且又经常从科学的角度剖析中国的历史与现实，以探索未来。任鸿隽在中国的学问领域里，堪称"科学论"的开山大师。

中国科学社除坚持办好刊物外，还坚持每年暑期召开年会。任鸿隽在回国之前的三年中，每次都主持会议并做"社长报告"，充分表现了书生干事业那种规矩方圆的认真劲头儿。

三、"我们三个朋友"

1916年6月任鸿隽于康奈尔大学毕业，获学士学位，随后相继到麻省理工学院、哈佛大学，最后决定在哥伦比亚大学读化学硕士。在这里又与胡适同校。

他与胡适是老朋友了。在上海公学期间，任与胡都在高等预科甲班，那时胡适是个拖着长辫子的小弟弟，与任鸿隽有过相互唱和的诗缘。胡适于1910年到康奈尔大学，任鸿隽来此则是欲就有老同学的方便。胡适到美国的头两年极少作诗，"诗炉久灰冷，从此生新火"，是发生在他与任鸿隽、杨杏佛重聚之后。胡后来把这段时间作的文言旧诗汇成为《去国集》。从吟诗到论诗，1915年八九月间，诗友亦成论敌，一场"文学革命"竟由此发端。胡适把自己生平中的这一幕称为"逼上梁山"。

1915年夏间，胡适与任鸿隽等朋友经常讨论中国文学问题，第一次提出了"文学革命"的口号，并在与任鸿隽的争论中强调"诗国革命何自始？要须作诗如作文"。

1916年2月10日，任有信致胡："近来颇思吾国文字不振，其最大原因，乃在文人无学。救之之法，当从绩学入手。徒于文字形式上讨论，无当也。"这逼得胡适去追索文字形式与文学的关系，终于认识到"文字形式是文学革命的工具"，进而提出"中国今日需要的文学革命是用白话替代古文的革命"。

1916年7月任则批判胡的白话诗"不可谓之诗"，认为"白话自有白话用处（如作小说、演说等），然不能用之于诗"。他还劝胡："足下若见听，则请从他方面讲文学革命，勿徒以白话诗为事矣。"胡适则"打定主意，要做先锋去打这座未投降的壁垒；就是要用全力去试作白话诗"，并超前为自己未来的白话诗集定名为《尝试集》。

胡适后来说："若无叔永（任鸿隽字）、杏佛，定无《去国集》，若无叔永、觐庄（梅光迪），定无《尝试集》。"从《去国集》到《尝试集》，在胡适是酝酿文学革命的转折，转折的前前后后都紧紧系着他的朋友——任鸿隽。

1914年，任鸿隽担任《留美学生季报》主编，翌年，他收到一篇署名"莎菲"的稿件《来因女士传》。

莎菲，即陈衡哲（1890—1976），清华学堂招考的第一届留美女生。1915年入瓦萨女子大学攻读历史。因投稿而与任鸿隽结下文字因缘。陈在翌年暑假曾到康奈尔大学与任会面。胡适在这一年11月以戏诗赠任鸿隽："不知近何事，见月生烦恼。可惜此时情，那人不知道。"这里似指任鸿隽爱恋着陈女士。到1917年4月，应任之约，胡适与他到瓦萨女子大学访问陈衡哲。这是三位朋友的头一次聚会。

1920年7月间，任鸿隽在南京主持中国科学社第5次年会，时任北大教授的胡适也到南京讲学，而陈衡哲刚刚回国到南京。8月22日下午3时，任、陈在南京高等师范学校的梅菴定婚。当夜，他俩邀胡适至鸡鸣寺，同登豁蒙楼用餐。胡适当即赋诗《我们三个朋友》，通过描述三年中他们两次相聚的情和景，表达对任、陈结合的祝贺和三个朋友之间的深厚友谊。后来胡适多次使用"我们三个朋友"，都是特指他们三人。

在20世纪二三十年代，"我们三个朋友"皆为当世名人。任、胡自不必说，有"一代才女"之称的陈衡哲，在文学革命及后来文化事业上的贡献也是功不可没的。这三人中，任、陈是终生相敬相伴的夫妻，任、胡是大半生亲密合作的至友，胡、陈也是自新文化运动结缘而始终心心相印的密友。然而外界偏要对这位才女多一层"关注"，于是，胡、陈关系的绯闻也不断传出。依笔者所见文献而论，胡、陈之间的友情是值得后人尊重的。任鸿隽对待胡、陈关系的态度也是开放而坦然的。至于人生中男女朋友之间的心底波澜，怎晓得究竟又何必晓得究竟呢？治史者以史料为据，逾此为妄。因有关于此的花边文字甚多，故于任先生传中叙此一笔。

四、为科学事业奔走呼号

1917年回国并已在北京大学任教的胡适，于任鸿隽回国之前写信邀他到北大来教书。任在回信中有这样一段很值得玩味的话：

"……隽归国后第一着，就是一年以内不做事，而以此一年光阴东瞧西望，调查各方面情形，有何事最可做，再做某事。近来闻见所及，知留学归国者多无事可做，其毫无实际，徒借留学生头衔博衣食者无论矣，亦有专门人才，学问过人（如陈茂康、傅有周等），归国后或赋闲居，或返美国教书，似乎吾国费时伤财好容易造就的几个人才，其结果不委之沟壑，即驱诸邻国，而国内放着无数事业，反无人去办，吾实痛之。所以，我立意要以一年做调查，三四年做预备，五年之内或教育或实业，办出一件新事业。不要说造就人才，把相当的位置给已造就的人才，已经为益不浅了。"其言昭昭，他就是要干一番事业，给十余年来出国留学造就的人才找出路，解决"人才浪费"问题。从积极的意义说，不管是教育还是实业，都是图国家的富强。后来的历程表明，任鸿隽曾向办实业的方向迈过一小步，而后就朝教育大步走去。当时的科学事业附属在教育事业之中，他后来身体力行、魂牵梦绕的也大半是科学。

1918年8月，任鸿隽在康奈尔大学主持召开中国科学社第3次年会，10月即与杨杏佛同船回国。随着骨干人物的转移，中国科学社这棵幼苗也从美国的温室移到了中国的大田。为了筹措经费，任鸿隽等发起了"五万元基金"的募集活动。他周游广州、上海、南通、南京、北京等地，得到过政界徐世昌、实业界张謇之类名人的捐助，在上海著书的孙中山向他表示了对中国科学社事业的赞赏。1922年8月，中国科学社生物研究所在南京成立。紧接着在南通召开第七次年会，因得张謇慷慨解囊，这次会议开得红红火火。科学社的领袖们经过几年来独立独行的艰难，这时感到仰仗社会名流的重要性，于是把张謇、蔡元培、梁启超、马相伯、汪精卫、范源濂等请入董事会，另组理事会为工作班子。

任鸿隽出任理事长兼社长。他虽然因四川战乱交通阻塞而未能参加南通会议，但这次盛会的召开和生物研究所的成立，确使他感到鼓舞。他在这一年12月22日完稿的《中国科学社之过去及未来》一文中，为科学社勾画出一幅远景图：出版专业杂志和通俗杂志，在各地创办图书馆；建立理化研究所、生物研究所、卫生研究所、矿冶研究所和特别研究所；设立自然历史博物馆和工业商品博物馆。他在一番憧憬之后写道："吾人处筚路蓝缕之后，当康庄大启之时，尚不能从当世学者之后，以为世界学海增一勺之量乎？我言及此，吾心怦然，吾尤知海内外期望吾社之贤达同此心理也。"

科学之梦，欢悦之情，跃然纸上。不过，这时的天空又并不那么晴朗。

自五四新文化运动以来，高张德、赛二先生的旗帜，欲效法中国科学社者颇多，学会与刊物之外，大学的科学教育也有勃兴之势。然而，第一次世界大战之后的欧洲兴起了一股反科学主义的思潮。梁启超游历欧洲归来，于1920年发表了一篇《科学万能之梦》，称赛先生"给人类带来了灾难"，向中国人转播了"科学破产"的观点。张君劢随之提出"人生观超于科学之上""科学决不能支配人生"。这些命题引起了丁文江的激烈反应，于是爆发了有名的科玄论战。丁文江之后，继有任鸿隽、胡适、章鸿钊、朱经农、唐钺、王星拱等披挂上阵。

任鸿隽文章的题目是《人生观的科学或科学的人生观》，概括起来，其论点有三：

一、作为笼统观念的人生观，不是科学研究的对象，因此不存在"人生观的科学"。具体的人生观则可以用科学方法来改变或解决，因此有"科学的人生观"。

二、各种人生观的共同出发点是"要求外物与内心的调和"，人生观"不能脱离物质世界而独立，所以物质世界的智识愈进，人生观当然亦从而生变动"。这意味着，以对物质世界的知识的增长为中介，科学能够"间接地把人生观改变"。他举出了最明显的例子，就是从中世纪到近代社会的发展中，进化论的建立对人生观转变的巨大作用。

三、除间接作用外，科学家通过特殊的科学活动达成外物与内心的统一，科学又能够直接形成"伟大高尚的人生观"，如勇于追求真理、不受偏见私欲的局限、注重事物的因果关系等。

任鸿隽不像丁文江那样把人生观问题纳入科学研究的范围，而是强调人生观不能脱离科学。他反对笼统地谈人生观，要把它"分析"开来，指出科学可以直接产生或间接改变的那些人生观，其结果是"科学的人生观"。

科学派的"先锋大将"丁文江是自不量力地试图整体地讨论科学与哲学的关系，任鸿隽则是尽力而为地讨论科学与哲学的一个结合部，专门提出"科学的人生观"。依其不同来源，我们不妨把"间接改变"的一类称作"生于科学知识的人生观"，把"直接产生"的一类称作"生于科学活动的人生观"。任鸿隽在文章中曾想找出各种人生观的"公共的出发点",他试图说这个出发点就是"科学的人生观"的一部分,但没有说清楚。后来胡适在为这场论战做总结时,把这个"公共的出发点"变成为"最低限度的一致"的人生观,又是建立在已有科学知识基础之上的"一致",实际上也就是任鸿隽想说而没有说出来的"生于科学知识的人生观"。

后来的学者往往埋怨"科学派"并没有真正从学术上弄清楚科学与哲学的关系,科学派的胜利只是导致了唯科学主义在中国的泛滥。其实,这也是科学派们始料所不及的。历史并没有给他们充分的时间(或许他们也没有那种兴趣)去学习、考察和研究科学与哲学的关系。他们是匆匆忙忙上阵的,打了一通乱仗就暂时把对立面压了下去。科学派的表面胜利不是学术思想上的胜利,而是维护科学事业的胜利。

丁文江在致章鸿钊的信中说他"对张君劢《人生观》提倡玄学与科学为敌,深恐有误青年学生"。

胡适的笔锋直指梁启超,说中国"正苦科学提倡的不够,正苦科学的教育不发达,正苦科学的势力还不能扫除那迷漫全国的乌烟瘴气——不料还有名流学者出来高唱'欧洲科学的破产'的喊声……信仰科学的人看了这种现状,能不发愁吗?能不大声疾呼出来替科学辩护吗?"

任鸿隽则在他文章的最后呼吁:"我们应该多提倡科学以改良人生观,不当因为注意人生观而忽视科学。"

原来如此,科学派们的这种群体意识始于危机感,他们的奋起是为了保卫刚刚在中国兴起的科学事业。

五、十年中基会

中国科学社是民间学术团体,不是职业岗位。其领袖人物是分头找饭碗、合力办"科学"的。任鸿隽的饭碗与志趣的完全相合,是他在中基会工作的阶段。

中基会,是中华教育文化基金董事会的简称。

自 1924 年 3 月 31 日起,美国参众两院联席会议辩论向中国第二次退还庚款的问题,引起了中国多方面人士的密切注意和紧张活动。任鸿隽曾为此与胡适、丁文江在京、津、宁之间信函频驰。5 月 21 日,美国两院正式通过继续退还庚款的议案,并表明此款应当用于发展中国教育文化事业。消息传来,任鸿隽即于 5 月 25 日在南京召开中国科学社理事会讨论,议决由任鸿隽与胡适联系,商量争取从中拨出一部分用于兴办科学事业的具体办法。到 6 月初,任鸿隽起草了《中国科学社对庚款用途之宣言》,先在上海报纸发表,继以单印本印发,广做宣传,动员舆论。该《宣言》指出,庚款的用向,"惟学术研究最当。学术之中,尤以科学研究为不可忽,以科学研究为一切文化与实业之基,在中国最缺乏最需要,而又为今日国家人民能力所不及也"。细而言之,应该用于设立大规模之研究所及津贴已有成绩之研究所;津贴公私大学之研究设备;派遣已成才之学者留学各国;设立图书馆、博物馆;等等。

这一年 9 月 18 日,在北京成立中华教育文化基金董事会,以管理使用退款。在 14 名董事中,有中方 9 人(皆教育界人士和政府官员),美方 5 人。任鸿隽对此构成很不满意,希望加入"一两个真正学者",于是建议胡适为此在北京向有关方面提出抗议。果然在10月3日政府又下令增加丁文江为董事。

争完人事安排,再争用款安排。中基会第一次年会议定的使用办法,大体上是与任鸿隽拟订的那篇《宣言》相符合的。

1925年7月,范源濂就任中基会干事长,他邀请任鸿隽到中基会工作。先任专门秘书,1926年改任执行秘书,协助干事长操持日常工作。范源濂于1927年年底病故,由周诒春继任,任鸿隽改任副干事长。一年后因政府更迭而改组董事会,任氏被增补为董事并兼干事长,由此成为中基会的实际主持人。他的主张也更便于实施了。

在过去迷信政治权力的中国,中基会也难于完全摆脱非学术性因素的干扰,但就总体来说,尽管庚款来源始终给人们心底留着耻辱感,而这一来源又在保证着经费的独立性,以及由它带来的行政上的相对自主性。正因如此,任鸿隽才有可能在中国现代史上一个相对稳定的时期里去实现他以往的各种主张。

在他到中基会工作不久的1926年2月,干事处就拟定了经费使用的补充原则,规定资助"教育事业"的范围包括:一、科学研究(含物理、化学、生物、地学、天文、气象学);二、科学应用(含农、工、医);三、科学教育(含科学教学、教育科学的研究)。

在任鸿隽任职的第一个10年中,中基会拨款建北平图书馆(今北京图书馆的前身),成立社会调查所,组织编译委员会,在大学中设置"科学教席",开展土壤调查,与尚志学会合办静生生物调查所,补助中国科学社、地质调查所、黄海化工研究社、中国营造学社和许多公立私立大学，还设置了科学研究补助金，等等。任鸿隽及其合作者们，为20世纪30年代中国科学事业的繁荣，为施泽于其后几十年科学人才的培养，做出了不可磨灭的贡献。

任鸿隽在中基会的权力大了，责任亦重；有求者多了，招怨亦甚。在拨款资助的问题上，任鸿隽历来反对"力分而效薄"，主张向已有研究积累的机构倾斜。于是，像北京大学、中国科学社这样的机构就获益较大。任鸿隽不仅为此受外界指责，于友人之间也易起纠葛。围绕社会调查所、修建中基会干事长住宅等事他与丁文江之间发生了连续冲突。其后，任鸿隽于1935年8月同意接受南京政府委以四川大学校长的任命，请辞中基会职务。中基会则给了他一年休假，准其离职。

十年中基会，是任氏一生中最有光彩的时期。后来虽然他又重新主持中基会工作，但各种条件都有了大变化，历史机遇一去无返了。

六、大学校长的未圆梦

任鸿隽留学回国之后，是想在教育与实业之间选择自己的事业。1919年应四川督军熊克武之请，决定两三年内专心办实业，草拟了在四川创建钢铁厂的计划。同时，他还草拟了四川高等教育的发展计划，送呈省长公署，建议仿美国各州立大学之例设立四川大学。计划已经省议会通过。事后因川军内战，实业与教育计划全都泡汤。

1920年，他应蔡元培之聘，就任北京大学化学系教授。不久又被政府教育总长范源濂拉去做了教育部专门教育司司长。只有一年时光，范氏辞职，任氏亦随之离部。再赴四川，谋职不成。可能是胡适出面推荐，他到商务印书馆做了一年的编辑，其后出任东南大学副校长，成为著名教育家郭秉文的助手。东南大学，在国立大学中与北京大学齐名，教授中有许多是中国科学社的早期社员。在此期间，校事与社事兼顾，甚是得心应手。不料也是一年光景，东南大学发生"易长"风潮，杨杏佛、胡刚复等成为驱郭派的首领，与占多数的拥郭派师生尖锐对立，任鸿隽持中立态度，遭到两方指责。故于1925年3月去职归家，闭门著述《科学通论》。半年后走入中基会，仍十分关注教育问题，他曾极为大胆地抨击国民党推行的"党化教育"，反对以"党义"冲击基本教育，反对党人治校。

这次到四川大学，是他第三次回乡谋职，也是他第三次在大学任职。

国立四川大学，于1931年由原国立成都大学等三所学校合并成立。初时只有文、理、法三个学院，11个系。校址分设多处。四川长期处于地方割据、军阀混战的局面，大学命运多蹇，校务举步维艰。1935年1月，蒋系中央军始得入川，地方军阀称雄的"防区制"被取消，开始了四川地方的"中央化"进程。任鸿隽入掌川大，适逢其时，也很引人注目。川外欢送的舆论说他是"跑到老远的四川古城，做着垦荒的工作"。川内欢迎的舆论说他此来乃四川教育界的"福音"。

踌躇满志的任鸿隽在经过一番考察之后，提出了改革整顿的计划，其基本指导思想是实现川大的"现代化"和"国立化"。他在和报界谈话时指出:"本人抱定宗旨,要使四川大学,一、现代化,无论文理各科,均需以适应现代学人需要为准则;二、国立化,应知四川大学,是国立的学校,不是一乡一邑的学校,应该造成国士,不仅造成乡人。"他认为,实现川大的现代化,具体说来有三点:一是要输入世界新知识,用知识的开通来补偿四川的闭塞;二是把四川大学建成西南的文化中心,成为这一地区文化策源地的综合大学;三是在国难严重的情况下,负起民族复兴的责任。

为了实现上述目标,任校长到处网罗人才,优化师资队伍;推行教学改革,提高教学质量。他特别关心学生的身体健康,到校不久即令校医室用3天时间为全校学生做体格检查,是为川大校史中首次。他还重视在校中开展体育活动。在1934年4月召开的川大首届运动会上,他亲率运动员绕场一周,并动员师生们通过体育"洗文弱之耻","养成合作互助的道德"和"公平正直之习尚"。

学校的进步是很明显的。1936年6月,学校总结一年改革带来的巨大变化时就列举出了十大方面。至1937年4月,任鸿隽在已有辞意的情况下,还做出一项决策,把校址从皇城改迁到望江楼,为川大的长远发展创造了有利条件。

可惜,川大发展刚刚向好,任校长却挂冠而去了。

任鸿隽到川大,抱着"对事不对人"的态度,坚持由校长定期聘任教授的制度,调整教师队伍。第一年调整幅度较小,比较顺利。第二年要从川外选聘大批教授,原有川籍教授中有40余人将另谋出路,他们就发动起来"警告任叔永",对任氏情绪颇有影响。他平时不与党政官场应酬,傲然处世,受到政界官僚的忌恨。再者，陈衡哲入川之后，曾就所见所闻四川军阀的丑恶行径和社会问题撰写文章，发表在胡适主办的《独立评论》上，遭到了地方势力的围攻。她因此于1936年7月间回到北平，再不返成都。由于陈衡哲的态度坚决，任鸿隽犹豫再三，最后不得不辞去川大校长职务。

七、春蚕到死丝方尽

1937年6月，任鸿隽重回中基会工作，旋即出国考察。翌年10月应蔡元培院长之邀，出任"中研院"化学研究所所长。在蔡元培逝世前后的近两年时间中，他曾任该院总干事，主持战时院中日常事务。在昆明乡村躲避日寇空袭期间，他与吴学周、李珩合作翻译W.C.丹皮尔的《科学史及其与哲学和宗教的关系》。任氏译出该书的第1—6章。此书后来以《科学与科学思想史》为题，1946年先后在重庆和上海出版。

太平洋战争爆发之后，中基会成立"紧急委员会"，在重庆设立办事处，以任鸿隽为干事长。以后他就住在重庆嘉陵江边李子坝的办事处新址，处理中基会的国内事务。在战争环境中，庚款已停付，只能用有限的原有基金开展工作。值得特书一笔的是，在当时军事封锁、交通阻绝的情况下，任鸿隽等创议用胶片图书的方式满足科学研究对最新文献的需求。由中基会、教育部和美国大使馆合作，于1942年成立"中美文化资料供应委员会"。后来由李约瑟主持的"中英科学合作馆"亦参与其事。在昆明、重庆、成都等地设立阅览室30余处（须配备阅读投射镜）。对战时科学研究起到了一定的作用。

抗战胜利后，任氏全家居上海。他继续为中国科学社和中基会操劳，于恢复和维持静生生物调查所和庐山植物园出力尤多。

1949年5月初，任氏夫妇以其三位子女（以都、以书、以安）皆在美国之故，欲至香港再转赴美国。但在香港期间，任鸿隽把中基会事务交接完毕即返回大陆。个中因由，现无文献可以查考。但有一点可以估计到，中国科学社是他最重要的牵挂。

他作为特邀代表到北京参加了第一届中国人民政治协商会议和开国大典。翌年12月，他再来北京出席中华全国自然科学工作者代表大会。会议结果产生了"中华全国自然科学专门学会联合会"（简称"科联"），他被选为常务委员。与此伴生的另一结果是，原有的自然科学综合性学会纷纷宣告解散。任鸿隽希望保留中国科学社，但已与当时潮流相背，势单力孤，无可奈何。

在任鸿隽的心目中，中国科学社是他和他的集体苦心经营30余年且欲终身相与的事业。那事业是一个有机整体（用科学社会学的术语来说，是"体制化"的）。然而，在当时科学社的下辖事业大致属于"民族资产阶级"的营业范围，当在改造之列。此时任鸿隽的活动舞台极其有限。他可以做的，就是沿着中国社会主义改造的指向，把中国科学社经办的各种事业一一送到全民所有制的大熔炉中。

春蚕已老，尚能吐丝。任鸿隽吐得缓缓如仪，一丝不苟——

1951年，拟将《科学》与当时科联主办的《自然科学》合并，故《科学》于当年5月停刊，他专门为此写了一篇《〈科学〉三十五年的回顾》。

1953年年初，他主持将中国科学社主办的《科学画报》移交给上海市科普协会。(《科学画报》创刊于1933年，延续至今，为我国现代史上持续最久、影响最大的科普刊物）

1954年，他主持将中国科学社生物研究所中所有标本、仪器及工作人员分别输送到中国科学院的水生生物所、动物所和植物所。

1956年2月，他主持将中国科学社明复图书馆的全部图书、馆舍设备和购书基金等捐献给国家。(该馆建于1929年，因纪念胡明复命名，现为上海卢湾区图书馆）

1956年秋，他主持将中国科学社于1929年创办的中国科学图书仪器公司中的印刷厂移交给中国科学院，技术人员和机器即转移北上（此为国内一流水平的科学书刊印刷力量，后成为中国科学院通县印刷厂的主要基础）。翌年初，编辑部分并入上海科技出版社，仪器部分并入上海量具工具厂。

1957年，在"向科学进军"和"百花齐放、百家争鸣"的宣传氛围中，任鸿隽抓住时机，决定将停刊多年的《科学》重新出刊，他亲任主编，此外还编纂出版《科学史料译丛》10多种。他此时心中可能复燃起发展中国科学社的希望。可是，那个春季太短了。

1959年，他主持召开中国科学社理事会，说明凭私人团体的努力不能适应国家总路线的要求，因此提议将本社所有房屋、图书、设备和8万余元款项全部捐献给国家。他捎带一个小小的希望，请求由全国科协接办《科学》，不要让它中断。结果是财产交了，《科学》断了。

1960年，他组织人员将《科学》杂志1—36卷的目录编成总目和两种分类索引，印赠国内各大图书馆。同年 9 月，他写完了《中国科学社社史简述》。

中国科学社已成为中国文明史上的旧事。任鸿隽把它送到了终点，他自己也走到了人生的终点。他退休了，生病了，1961 年 11 月 9 日以心力衰竭病逝。

任鸿隽先生不是埋头于实验室的科学家，而是一位为科学家营造研究环境的科学事业家。在中国现代科学历史的画卷中，有他笔蘸心血的幅幅力作，回头看去，更显辉煌。

(作者：樊洪业)

侯德榜

中国重化学工业开拓者

侯德榜

(1890—1974)

科学技术以一种神奇的力量推动着人类的文明进步，其深远影响及于社会生活的每个角落。《红楼梦》中与玛瑙、翡翠并列的玻璃，早已镶入家家户户的窗棂；鲁迅在小说《肥皂》中所描述的那种上等商品，也早已失去了它的"上等"身价，从富户移进了平民之家。在实现这种转变的过程中，谁知耗掉了多少科学技术工作者的智慧、心血和青春呢？玻璃、肥皂、纸张、花布及许多的食品和药品为日常民生所必需，它们各有各的制作技术，又都需要一种共同的重要化工原料——纯碱。

不过，在当时纯碱像是秘制的膏丹，技术秘密操于索尔维公会手中（比利时人索尔维于1861年发明的氨碱法，由少数资本家所垄断）。在贫困的中国大地上，许多发酵食品是酸的，许多土布衣服是原色的，洗衣服用的碱来自草木灰、皂荚、盐碱土、盐湖水……

1932年，纽约一家书店的橱窗，以别开生面的设计，吸引了一批又一批的顾客。橱窗中只展出一本深蓝色封面的书。这是一本打破索尔维集团70年封锁而轰动世界化学工业界的新著，这是一本为中华民族扬眉吐气的书。烫金的书名是 *Monufacture of Soda*（《制碱》）。橱窗的背景画面展现出中国南方农村的一派田园风光。木板房前一片荔枝林，新发的淡红嫩叶烘托着浅黄色的小花。水稻田边上一个农家孩子，在用力踏水车时，手里还捧着一本《三字经》

读。这,就是《制碱》一书的作者侯德榜少年时期的形象。

一、把制碱秘密公诸世

侯德榜,字致本,生于 1890 年 8 月,家乡在福州城南的坡尾村,当时属福建省闽侯县。祖上务农。他小时在私塾读过"赵钱孙李""人之初"之类,后来在开药铺的姑母资助下,就学于福州英华书院和外地的铁路学堂。后来考上清华留美预备学堂,赴美留学 8 年,先后在麻省理工学院、普拉特学院和哥伦比亚大学研究院学习和研究化学。

20 世纪初叶,我国所需纯碱全靠进口。第一次世界大战期间,欧亚交通梗阻,市场吃紧,英国在华的卜内门公司又不肯放出存货,以碱作原料的许多民族工业被卡住了脖子。爱国的实业家范旭东先生在兴办精盐公司的基础上,于 1917 年筹集资金创办天津塘沽碱厂。他认为"若要成功,全在技术",但又苦于搞不到制碱技术。1920 年,赴美考察化工的陈调甫先生受范旭东委托物色人才,在纽约遇到了侯德榜。陈把索尔维公会的技术封锁、卜内门公司在华的霸道行径和范旭东先生求贤的急切心情、国内兴办碱业的困难等,向侯做了介绍。强烈的爱国热情使他们一拍即合。30 岁的侯德榜爽快地答应为天津塘沽碱厂设计制碱工艺。这一年,他在哥伦比亚大学研究院获化学工程博士学位时,首先想到的既不是满足于已有的成绩,也不是追求更高的个人荣誉,而是要尽快报效祖国,开拓民族化学工业的道路。第二年春天,侯德榜正式投入了天津塘沽永利碱厂的工作,出任总工程师(当时称技师长)。

在列强横行、军阀肆虐的年月里,办民族工业谈何容易!

索尔维法制碱的原理很简单,但国外各厂家却无不感到十分棘手。所以索尔维公会才能独霸世界碱业数十年之久。侯德榜针对天津塘沽碱厂面临的困难问题,在一切可利用资料的基础上设计了工艺,又要在集体实践中反复调整,那真是要过五关斩六将的。

侯德榜深深地理解范旭东先生所说的"创业难,带有革命性的创业尤难",而克服创业之难,首先需要实干精神。

当时在永利碱厂工作的,有一位从美国聘请来的碱厂机械师 G. T. 李,为人热心,刻苦,肯钻研。侯德榜与他一见如故,对他说:"密斯特李,请把您的工装换给我,我要穿蓝领的。"对方却风趣地说:"我也喜欢蓝领的,白领留做喝庆功酒时穿吧。"侯德榜从此就穿起蓝领工作服和胶鞋,出没在工地和车间。

有一次,干燥锅结疤了,他抄起玉米棒子粗的大铁棍往下捅,累得两眼冒金星,汗水湿透了工装,但仅凭力气却解决不了技术问题,何况是一个书生的力气。他与 G. T. 李一起观察、思索、商量,还是一筹莫展。G. T. 李本来就对碱厂某些员工的工作松懈不满,再遇到工作难关,就想打退堂鼓。但侯德榜那股不达目的誓不罢休的坚持劲儿感动了他。当侯德榜用加干碱的办法使贴在锅体上的碱疤脱水掉下时,两个人终于抱在一起跳了起来。

侯德榜参加了每一次重要的试验。范旭东称赞他"奋不顾身,寝馈于工厂,从事死拼"。从调换碳酸化塔的水管,另行设计新分解炉起,到多次加强冷却设备,改造滤碱机和石灰窑,平时要处理种种临时事故,侯德榜和他的同事们在紧张的劳动中送走了一个又一个风雨寒暑，在制碱攻关的征途上留下了一个又一个深深的脚印。

1924年8月13日，永利碱厂首次开工投产。经不断改进，终于拿到了白花花、亮晶晶的纯碱。后来，达到日产180吨。1925年，中国产"红三角"牌纯碱闯进了在美国费城举办的万国博览会，获最高荣誉金质奖章。当喜讯飞越大洋传到塘沽时，侯德榜第一次换上白领服装来到庆功宴会上。宴会大厅里张灯结彩、红烛高照，呈现出一派节日气氛。会场中央放着万国博览会颁发的奖章证书和一袋纯碱，商标上画有红三角托着一个烧杯。那是中国的产品，也是中国人的志气，中国人又在以本民族的方式庆祝自己的成功。但他们丝毫没有忘记外国朋友的帮助。侯德榜举杯对G. T. 李说："你帮助了中华民族，以后我们就称你李佐华吧！" G. T. 李兴奋地把杯中酒一饮而尽。他分享着中国朋友的欢乐，并按照这里的习俗，逢人就打恭作揖曰："恭喜，恭喜！"他还带着钦佩而又内疚的口气说："若没有侯博士，我早就回国去了。"

打破了索尔维公会的封锁，永利制碱公司只要严守技术秘密，黄金就会源源不断地流进塘沽。但出乎一般人所料，侯德榜偏偏要写一部阐述制碱法的专著。他于1931年赴美考察时完成书稿，翌年出版。买到书的许多读者涌向他下榻的青年会所（在纽约过着简朴生活的中国留学生住所）。人们看到这位身材短粗的博士，额头上的头发几乎全脱光了，更显得天庭突出，他那肃然而间或微笑的脸，流露出东方学者的真挚。人们有的向他脱帽致敬，有的与他热烈拥抱，用各种语言和手势表达他们的感谢。

那个时代的中国，在外国人的眼里，不过是一块曾孕育过古老文明的土地，人们看到的是早已开败了的花朵。近代的中国人只有感谢外国，怎么会有倒过来的感谢？谁也没想到在渤海之滨会不声不响地开出一朵令世界化工界倾倒的新花。

二、"亍"字的哲理与实践

作为独特的象形文字，许多汉字的字形蕴含着深刻的哲理。侯德榜对"千里之行，始于足下"中的"行"字有一番独特的探幽发微。他把兴办民族化学工业比作千里之行。制碱的成功只是迈出了左脚，写出一个"彳"（音赤）字，接着还应迈出右脚写出"亍"（音触）字。这就是制酸。酸碱为国防民生所必需，所以发达国家的化学工业大都由生产酸碱做起。

侯德榜受托承建永利硫酸铔厂（铔是铵的旧称），建成后可同时生产氨、硫酸、硝酸和硫酸铵。经多处勘查，决定厂址选在南京附近长江边上的卸甲甸（传说楚霸王项羽当年曾在这里行军歇息），这里是水路要塞，三面高丘环抱，适于建厂。

侯德榜先到上海通过驻沪外商了解各厂家的设备情况。接着于1934年春天率6名技术人员赴美考察，在纽约设立了办事处，与欧美各国专家联系、商讨永利铔厂设计事宜。

当时，从国内来看，具备一些有利条件。制碱成功使永利制碱公司内外人心振奋，人才、资金有基础。从国际上看，各国竞相出卖制酸技术和设备，与永利制碱时的境况全然不同。侯德榜所面临的任务不再是从头摸索工艺，而是如何引进国外技术，争取投资少，见效快。他深谋远虑，四处奔波，做实地考察，一环扣一环地及时做出决策，并且一抓到底。

永利硫酸铔厂的设计，自成系统，不留短线，并根据生产需要，及早派技术人员出国学习，日后该厂生产完全由中国人自主管理。引进技术也完全立足于国内实际状况，并不是完全引进成套设备。比如合成氨的工艺设计，经与各国工艺比较后，决定采用 N. E. C. 法，委托美国有关工厂设计。考虑到国内工业环境的特点，提出设计要求时，对水质、焦煤和硫黄等原料标准，概以最差值计算。美国厂家的原有图纸不能套用，700多份图纸全部重新绘制，费时约一年半。

采购设备时，侯德榜精打细算，凡是国内能够保证质量加以解决的，决不盲目地到国外订货。进口国外设备时还巧妙地利用各国厂商之间的竞争，择质量好又便宜者选购。对必要的关键设备，则不惜高价择优选购。

永利硫酸铔厂的贮气柜，是在国内就地制造的。它的结构似分节套连的旅行杯，充满气体时高逾10米，容量为1万立方米。合成氨需要300个大气压，为此购置了两座多级式气体压缩机，那是以高价从德国买来的。制硫酸的全新设备则是美国货。有趣的是，买这套设备时，侯德榜顺便索要了与该设备无关的硫酸铵生产工艺图纸，掉过头去，又从另一家工厂以废钢铁的价格买下了一套硫酸铵生产设备。无怪乎美国几个著名厂家的经理都佩服他的精明能干。

核心设备是氨合成塔，全重达100吨，从美国订货。当时我国还不具备这样大的陆运能力，这也是永利硫酸铔厂只能临水建设的重要原因之一。把合成塔从船上卸到岸上需要大型起重机，若从国外进口起重机则需支付巨款。侯德榜派人到青岛、上海等地进行考察之后决定先在厂内建铁工房，自己动手设计制造具有起吊百吨能力的两台吊车。当合成塔从海口溯流直上运抵起重码头时，这两台起重吊车同时起动，从船上把重百吨、长十多米的合成塔平安地吊到岸上，然后又用起重机把合成塔沿铁轨拉进厂房，并用土洋结合的吊装方法巧妙地把合成塔安装就位。来自国外的专家看到此情此景，无不感到惊讶。其实，这和在塘沽用古老的风车汲卤为碱厂输送原料一样，中国人的土办法常常能代替洋设备就地解决些大问题。

永利硫酸铔厂终于按计划在两年内落成，硫酸、硫酸铵和硝酸相继投产。公司上下，中外技师，无不推侯氏为首功。

试想，永利硫酸铔厂的设备来自英、美、德、瑞士等国的许多厂家，还有些是本国造，最后全部配套，这需要何等的学识才干、苦心经营和严密组织。侯德榜仿佛是大交响乐团的一位出色的指挥，在 20 世纪 30 年代的中国演出了民族工业的最美妙的乐章。

他何以能成为这样出色的指挥呢？

侯德榜精通本行业务而又知识广博。他曾说过："要当一员称职的化学工程师，至少对机、电、建筑要内行。"为采购设备，他要识货、懂行、熟悉厂家，了解设备性能，在纽约期间为此询问、议价的交往信件不下 3 万封，大部分是由他亲自处理的。正由于他才识过人、兢兢业业，范旭东充分信赖他，同事们极为敬重他，外国专家们也非常佩服他，在工作上偷懒耍滑的人害怕他。

他身为总工程师，事必躬亲，时时处处表现出高度的事业心和可贵的献身精神。在纽约工作期间，他一度患很重的"枯草热"，夜间因鼻塞呼吸困难而失眠，白日精神疲倦，但仍天天坚持工作到深夜。也是同一时期，国内政府日见腐败，母亲去世，舍间被盗，使他愁绪迭起，然而在给友人的一封信中他写道：这些事"无一不令人烦闷，设非隐忍顺应，将一切办好，万一功亏一篑，使国人从此不敢再谈'化学工业'，则吾等成为中国之罪人。吾人今日只有前进，赴汤蹈火，亦所弗顾。其实目前一切困难，在事前早已见及，故向来未抱丝毫乐观，只知责任所在，拼命为之而已！"

"只知责任所在，拼命为之而已"，这就是侯德榜献身精神的生动写照。

1937年2月，永利硫酸铔厂首次试车成功，当工厂的建设者们嗅到强烈刺激的氨味时，就像饥肠辘辘的饿汉闻到了饭菜香。

侯德榜于1936年4月完成设计和采购任务回国，永利硫酸铔厂的职工曾在从码头到住所的通道两侧夹道欢迎他，人们热切地希望向这位风尘仆仆的指挥员表示慰问和敬意，而他却在卸甲甸前不卸甲，下船后毫不声张地径直向公事房走去，然后消失在房后的工地上。他所急的是要听一听永利硫酸铔厂在母腹中躁动的胎音。

1937年2月，永利硫酸铔厂呱呱坠地。侯德榜扶着贮气柜的曲折扶梯，缓步达顶，望江水云天，忆英雄一梦，他"拼命为之"的又一事业成功了，"宁"字收笔，迈出了化学工业的右脚，他又在想着下一步……

伴着工厂建设者们在贮气柜周围的欢声笑语，倾满了民族苦难的长江也一展胸闷，在滚滚东进中反复吟咏着："江山如画，一时多少豪杰！"

三、学者与祖国

永利硫酸铔厂投产后不久，抗日战争全面爆发，由于国民党政府和军队的腐败，日寇长驱直入，南京也沦陷了。侵略者很看重永利硫酸铔厂（它是当时亚洲的一流化工厂）的设备和技术力量，因该厂平时生产肥料，战时极易改为炸药厂，所以不断向该厂施加压力。侯德榜与范旭东等同仇敌忾，发出了坚定的誓言："宁肯给工厂开追悼会，也决不与侵略者合作！"敌人派飞机三次轰炸，破坏了工厂的部分设备。范、侯当机立断，部署技术骨干和老工人转移，分批离厂入川。他自己也在拆掉了关键的技术装置之后离去。数年心血，付之东流，他痛苦到了极点。

1938年年初，侯德榜率员选址建设永利川厂，后改名为"新塘沽"，为的是"燕云在望，以志不忘耳"。

新厂采用什么工艺，是仿旧还是创新呢？索尔维法已是轻车熟路，只要把塘沽永利碱厂的规模适当缩小就可很快见成效。但索尔维法的食盐转化率低，再加上四川深井中盐卤浓度低，制碱的成本就很高了。要改革，关键在于提高盐的利用率。当时德国新发明一种察安法，盐利用率达90%—95%，同时生产氯化铵。虽然此法工艺尚未完善，侯德榜却一眼看出了苗头，他不因为自己已是世界有名的制碱权威而故步自封，而是决计向德国人就教。他陪同范旭东总经理率代表团到柏林考察，拟议买下察安法专利。当时他们还不知道德日法西斯已暗中勾结。德方不许侯德榜到生产现场参观，在谈判中又百般刁难，提出了将来不许在东三省出售产品的无理限制。范、侯对此十分气愤，大义凛然地喊出："东三省是我们中国的领土，我们当然要销售到那里，我们不但要在国内卖，还要到国外市场卖。"言罢拂袖而去，谈判亦即告吹。他们当夜召集代表开会，商讨对策。侯德榜主张不靠外国人，他豪迈地说："黄头发绿眼珠的外国人能办到的，我们黑头发黑眼珠的人也一定能办到，而且一定要比他们办得更好。"他们给国内拍回电报说："因会有辱国权，不再买察安法专利。"

要走自己的路，向新的高峰挺进。侯德榜转赴纽约，投入了他一生中的第三次重大战斗。要搞新设计就必须先从试验室的工作入手，但在战时的四川，设备、药品、资料等都极为缺乏，甚至用氨要从人的尿液中一点一点提取。在范旭东先生的全力筹划下，1939年着手在香港设实验室开展工作。一面对已掌握的察安法有关数据进行复核，一面在侯德榜的"遥控"下摸索新路子。他在纽约每周收到香港工作人员的汇报后，及时详加指导。一年时间里经过500多次循环试验，分析了2000多个样品，于年底大致把新的路线确定下来。然后在纽约和上海"孤岛"（日军占领上海时的外国租界区）进行扩大试验，终至1940年在纽约完成。

新工艺把氨碱法与合成氨法连接起来，同时制取纯碱和氯化铵，可充分利用食盐中的钠和氯，避免产生大量含氯化钙的废液，并能减少原料石灰石与一些设备的使用。

为表彰侯德榜在制碱工艺上的新突破，由范旭东等发起，会同永利厂的技术骨干于 1941 年 3 月 16 日决定将新的联合制碱法命名为"侯氏制碱法"。到 1943 年 12 月，侯德榜博士被遴选为英国化学工业学会名誉会员。

消息传到国内以后，在 12 月 8 日这一天傍晚，永利厂的职工和科学界人士 2800 余人汇集到五通桥大饭厅。大多数人远道徒步而来，有人竟日行 200 里赶到会场。范旭东先生在大会致辞中，高度评价了侯博士的成就和品格。"永利所以在化工界能够有些许成就，中国化工能够跻身世界舞台，侯先生之贡献，实当首屈一指。"范氏的这段话是客观的。当然，功劳和光荣也不能只归侯氏一人。范旭东慧眼识英才，视侯德榜为"国宝"，肯为民族工业拓荒铺路，奔走呼号。侯氏之所以有用武之地，有赖于范氏为其解除后顾之忧。此外，还在于范、侯等经多年的共同努力，在永利化学工业公司内集结了一批人才，形成了以侯德榜为带头人的攻坚队伍。他们不仅当年随侯德榜攻关夺隘，其中有许多人于二三十年后也还在社会主义建设的关键岗位上发挥着骨干作用。

那次大会开到深夜，给在国外的侯德榜发了贺电。人们在雷鸣般的掌声中把侯公的长子、技师侯虞篪举到空中。自日寇铁蹄践踏祖国大好河山以来，永利厂的老职工们第一次发出了真正得意的笑。这笑，分享着侯德榜为黑头发黑眼珠的人争得的光荣；这笑，寄托着百余年来受尽欺凌的中华民族自立于世界民族之林的希望。

侯氏制碱法创立之后，侯公被许多国家竞相聘请，经常帮助他们解决化工技术问题，在国际化工界享有很高的威望。当解放战争的形势日见明朗的时候，人们也在猜测着这位博士的动向。

天津解放之后,刘少奇同志和朱德总司令曾到永利碱厂视察。刘少奇同志曾说过,中国工业化需要侯德榜博士。周恩来同志派人传信给正在印度指导工作的侯德榜,请他回国。他得信后立即启程,因当时大陆尚未完全解放,只能绕道返回,他在香港摆脱了国民党特工人员的纠缠,在仁川拒绝了南朝鲜有关方面的挽留,于1949年7月踏上了气象更新的祖国大地,不久就以科学家的身份参加了全国政治协商会议。

科学是没有国界的,但学者有他自己的祖国。

四、前进·彷徨·遗愿

在解放战争胜利的前夕,我们党曾做出过关于党的工作即将转入以生产建设为中心的决策。共产党人在考虑如何迈出万里长征的第二步,侯德榜也没有忘记他那"彳 + 亍 = 行"的化工哲学。毛主席在北京接见他时说过:"革命是我们的事,工业建设就要看你们了!"这使侯德榜很受感动。他事后对人们表示决心说:"我们要和各位同志同心协力去干,努力生产。现在我们有了毛主席这样好的领袖,中央人民政府这样好的政府,我们还顾虑什么呢?"从此,他心胸更开阔了,他开始把自己与社会主义事业联系在一起,并且愈来愈紧密。

他从前几年到印度塔塔公司指导生产所获得的报酬中,拨出十万元买下北京芳家园一号和东四二条北口一号两处的房子,分别捐赠给黄海化学工业研究社和中国化学会。另将一笔外汇存入中国银行,分赠给中国化学会和天津中苏友好协会,要求他们不动本金而只用利息购买国外科技文献。他应邀到大连指导国营的碱厂和铔厂的复建工作。他在欢迎晚会的即席讲话中，表明了他对社会主义事业的态度。他说："对于现在已成为我们自己的工业，不但要搞，而且还要改进，只有工业搞好，进入社会主义社会才有可能。现在这儿的铔厂，图纸残缺了，机器破损了，水泥建筑都露出钢骨了，但我们一定要修复它，而且要远远超过日本人经营时的最高生产量，我一定向永利董事会建议，向职工会同人反映，相信他们一定会通过的——把我们永利南京铔厂历年所有的全部心得及帝国主义者认为是专利的特权，一点一滴都拿出来贡献给国家，把我们的国营工业树立起来！"

他不是一位以获得掌声为满足的演说家，而是一位身体力行的实践家。1950 年，侯德榜出任重工业部化工局顾问，指挥一个特派组，在国营大连化学工业公司设中间厂，把他平生最得意的杰作——联碱法进行扩大生产试验。他从整个国家工业化的前景着想，曾积极上书中央，倡言引进西方先进技术。1956 年出任化工部副部长，1957 年光荣地加入了中国共产党。

侯德榜是靠科学吃饭的科学家，出任政府职务后，仍不改前色。除废寝忘食写成《制碱工学》两巨册外，每年还四处奔波，做现场调查。他年事已高时，还常在化工厂里攀高爬低或是钻入刚刚灭火的高热灼人的炼炉，有时钻进漆黑的巷道、炉底，随行人员为他提心吊胆，他却坦然自若，自得其趣。在掌握理论知识方面，他追踪化工科学的前沿，斗志至老不衰。年逾古稀时，他还像学生似的广寻新知。化工界许多高级工程技术人员都是他的学生，他们做学术报告时，侯老经常是讲坛下的一位热心听众。他还曾拖着暮年的脚步，跋涉在原子能、自动化、控制论、空气动力学等广阔领域中。他学习这些知识的目的是很明确的，就是建设现代化的化学工业。

他始终为了科学事业而贡献着自己的一切，但他所从事的事业并不是都进展得那么顺利。

侯氏制碱法自发明以来已被耽搁多年，我国又无专利法，到头来落得个墙内开花墙外结果。国外早已抢先投产了，我们却在从国外进口氯化铵。当侯氏制碱法在国内刚刚进行工业性中间试验时，这棵幼苗却因苏联专家提出氯化铵不适于施肥而经受了一次倒春寒，延长了它的生长期。直到1958年才开始建设大型联碱车间，1963年底达到日产120吨的水平，次年2月22日进行内部鉴定。从发明到鉴定，历时21年。虽然慢了些，73岁的老园丁总算在新中国的土地上看到了自己亲手培育出来的果实。

两年之后，侯老又被拖入了他所不能抵御的政治风暴之中，"文化大革命"一开始就受到了冲击。侯老一生有著述，获得国内外二十几种荣誉和职务，这都成了他是"反动权威"的铁证；又因有过受赠股票而被冠以"反动资本家"的罪名；还因他中华人民共和国成立前有三十余年奔波国际化工界，就有了里通外国之嫌。专用轿车被剥夺了，这位年近80的老科学家不得不拎着饭盒摩肩擦背于乘无轨电车的人流中。后来又把他从办公室中迁出来，连微乎其微的象征性的工作权利也被剥夺了。

后来，由于周总理的干预，侯老的处境才得到些许改善。而一且争得了条件,他就要工作。他在没有工作可做的极大苦闷中,与人商议一起编写科普读物《酸和碱》;他多次要求去大连化工厂的碱厂看一看生产情况,但出于各种原因不能成行。后来周总理关照说因侯老年迈,让他在家中听取大连碱厂的技术人员汇报情况。侯老对改进碱、化肥的生产技术和为全国碱厂的规划提出了设想。

1974年,评法批儒的闹剧在紧锣密鼓中开台,侯老那本来已极度苦恼的心情又平添一层苦恼,筹划化工科学事业的满腹经纶不能施展,对党和国家命运的忡忡忧心无处倾吐。暮春时节,正是"四人帮"一伙儿把矛头指向敬爱的周总理而提出批现代大儒最起劲的时候,侯老怀着满腔的悲愤和难言的苦衷,背诵着宋代诗人王淇的诗句"开到荼蘼花事了",这是这位84岁的老人所发出的最后呐喊。

在抑郁中,他因白血病和脑出血不能再讲话了。当一位生前好友去病床前探望他老人家的时候,侯老紧握着他的手久久不放,一切痛苦和希望都像是倾吐在这长握之间。

1974年8月26日,侯老枕着未完的书稿逝世于北京。5年之后,在他的骨灰盒上,覆盖上一面鲜红的中国共产党党旗。

这位在中国不可多得的科学家,生前曾在世界科学的舞台上演出过威武的一幕,并为自己的国家和人民发出了他被允许发出的光和热,未能发出的也随同他的躯体消失了。他活在曾与他共同工作和生活的每个人的心里,但他的大多数同胞并不真正了解他。

侯老去世前,决定把自己最珍贵的藏书献给国家,留给后人做攀登的基石。

他惦记着全国的碱厂和化工事业,希望它能尽快插上翅膀飞翔；他惦记着在福建省建一个碱厂——自己一生制碱，家乡的人民却买不到碱用，他为此感到难过。

他因为晚年没有机会为党、为人民工作而感到极度苦恼。

他寄希望于下一代，希望他们能刻苦学习练好本领，为中华民族争气。

他还有在逆境中无法说出的话……

古人有言："得人者昌。"在半封建半殖民地的旧中国，兴办民族工业尤其是重工业是项艰巨的事业。永利公司能在帝国主义和官僚买办资产阶级的重压之下得以生存发展，不仅有赖于范旭东等人的拼死挣扎和经营得法，更重要的是得助于侯德榜的才干。他像是一粒晶种，吸引和诱导着一批优秀"分子"，结成愈来愈大的晶体，而他们又化作更多的晶种，撒在更多的地方，至今发挥着重要作用。古往今来的兴衰浮沉都证明了：人才是事业的基础。

侯德榜这一代人，走过艰辛而曲折的路程。他们从小受的是封建教育。帝国主义的炮弹、洋货和谎言击碎了他们通过科举入宦的传统愿望，使得大批有良知的热血青年不得不以巨大的代价去摸索救国救民的道路。一部分人在马列主义理论和十月革命的影响下，在中国共产党的领导下，拿起枪杆子打江山，为中华民族奋斗史写下了最可歌可泣的光辉篇章。同时，我们也不能不看到，还有一大批爱国志士怀着"科学救国""工业救国""教育救国"的激情去苦斗，虽然当时没有抓住解决中国问题的根本，但他们毕竟是为国为民，一片赤诚。那些不屈不挠、自强不息而终有建树者，也是我们民族的骄傲。这样一批人在中华人民共和国成立前挣扎自立，毫无奴颜媚骨；中华人民共和国成立后听党的调遣，致力于发展新中国的科学文化事业，为社会主义建设立下了汗马功劳。

吃水不忘打井人，在科学事业上也是同样适用的。我们永远深深地怀念我国化学工业的奠基人侯德榜博士，永远深深地怀念近代中国科学事业的那些拓荒者。

（作者：宋子成　于有彬）

胡明复

中国科学事业开路人

胡明复

(1891—1927)

一、大变动时代的求学者

胡明复（1891—1927），名达，又名达生，幼名孔孙，字明复，后以字行。他于1891年5月20日（清光绪十七年四月十三日）出生于江苏桃源县（今泗阳），祖籍江苏无锡。

胡明复10岁前在家塾读书。1901年与其弟胡刚复同时考入上海南洋公学之附属小学。当时任南洋公学总理（相当于校长）的是维新派人士张元济（菊生）。他对胡明复兄弟颇为赏识。南洋公学是清末洋务派中坚盛宣怀1896年在上海创立的，目的在于为洋务事业培养人才，其学科内容已不同于传统的"四书""五经"，而开始教授与商务、铁路等相关的西方近代科学技术基础知识。南洋公学附小（当时称下院）是公立小学中最早的一个，所开课目有修身、国文、算术、历史、地理、理科、图画、体操八项，也稍习英语。其中的理科包括自然、生理和简易理化知识。授课方法以实验为主，使用理化仪器、动植物和矿物标本等教具。从教学内容到授课方式都已不同于传统教育，而胡明复恰好身临新教育的前沿，从小学开始就踏上了通向现代科学的第一级台阶。

胡明复于1903年从附小毕业，升入中院（即中学）。不久因兄弟二人打架被开除，到货店里当了一年多学徒。在店里他好读新书及西文，被店中同事称为"洋先生"，可见他在南洋附小所受的新教育与人们过去所习见的旧教育大不一样。1904年秋，胡明复进上海中等商业学堂。

实业学堂本是维新派提出广设学堂的内容之一，但直到庚子战乱后，迫于严重的社会危机，清廷才在"新政"的幌子下把维新派的措施一一推出来。1903年颁布的新学制（癸卯学制）确立了新教育体制，学堂章程中对中等商业学堂的规定是：招收高小毕业生，授以商业所必需之知识艺能。所设科目主要有修身、国文、算学、史地及与商业有关的理论及实用知识、技能。中等商业学堂相当于初中程度，胡明复在这里显露出了精于计算的才能，学习成绩优秀。

1907年，胡明复在上海中等商业学堂毕业，又考入南京的高等商业学堂继续学习。高等学堂大致相当于后来的高中水平，所设科目除外语、体操外都是关于商业方面的课程。胡明复在校期间成绩仍然保持优秀。

1909年，胡刚复考取首届庚款留美生，这对胡明复产生很大震动。他不甘落后，给负责选派留美学生的长兄胡敦复写信要求投考。胡敦复基于他以前曾被开除当学徒的经历，并且考虑到他所学习的商业课程与留美考试的要求相差甚远，所以起初拒绝了他的要求。胡明复又给父亲写信求援，经三方多次函商，胡敦复才答应给他半年的较简单的留美考试预备课程，如能按时完成再寄下半年的课程。

此时距离高等商业学堂毕业尚有一年，胡明复一方面要完成学校功课，一方面要自习应考留美的课程，压力很大。在这一年中，他丝毫不敢懈怠,坚持刻苦努力,发愤读书。于学校功课从无缺漏,兄长寄来的留美应考课程也如期学完。结果在学校考试中总是第一,寄到北京的答卷也使他大哥惊喜叹服。

1910年7月,未及毕业的胡明复在北京参加留学考试。此次考试仍沿用上届办法,首轮考国文与英文,及格者方可参加第二轮的各门学科考试。其科目有代数、平面几何、希腊史、罗马史、德文或法文、物理、植物、动物、生理、化学、三角、立体几何、英国史、世界地理、拉丁文(选考)。两轮考完,于史家胡同发榜,胡明复名列第57位。本届共有70人被录取,胡适、赵元任、竺可桢、钱崇澍、周仁等都同时入选。

8月16日,这批庚款生由唐孟伦、严约冲和胡敦复率领,自上海乘"中国"号轮船前往美国。在船上的十多天里大家彼此相识,胡明复总爱与赵元任、周仁、胡敦复一起讨论数学问题,在学生群中显得与众不同。由于胡敦复本人毕业于康奈尔大学,联系便当,所以这批学生进康奈尔大学的也最多。9月,胡明复到伊萨卡(Ithaca)城进康奈尔大学文理学院。

在康奈尔大学,胡明复选了他最喜欢的数学为主课,与其好友赵元任所学相同,两人还同居一室。1912年,胡适从农学院转入文理学院,在克赖顿教授的哲学班上,三人同坐一排,交往甚密。1913年,这三个好朋友一起被选为Phi Beta Kappa(美国优秀大学生联谊会)会员。此种荣誉得之不易,而三个坐在一起的中国学生同时入选,更为引人注目,"美国报章传载,以为异举"。其实全面地看学习成绩,胡适远不如赵元任和胡明复。他俩在学习上是激烈竞争的对手，每学期的总平均成绩都在 90 分以上，赵元任总是多上一分半分，有时的差距只是在小数点后两位上。在大学的四年中，与其他人相比，他俩每年的成绩都是最高的，而且这一成绩许多年之后无人超过。

1914 年 5 月，胡明复和赵元任又与同学黄伯芹、金邦正一起入选 Sigma Xi（科学研究学会）名誉会员。任鸿隽（当时已在康奈尔大学就读）对此印象很深，十几年后在纪念胡明复的文章中还对中国学生当年大出风头的事津津乐道。

Phi Beta Kappa 设于 1776 年，美国著名大学如哈佛、耶鲁均有此会。入选会员的资格是：一、学习成绩最佳者；二、毕业生有上佳著作者；三、教员在学理上有新发明者。Sigma Xi 会员资格为工程或理化学生于所学有所发明者。同获两种荣誉对美国学生也不容易，所以此事颇使中国留学生感到鼓舞。

1914 年 6 月 16 日，胡明复大学毕业获学士学位。1916 年秋，进哈佛大学攻读博士学位。在博歇和赫维茨指导下研究积分 – 微分方程理论。博歇是哈佛大学数学教授，他与 W.F. 奥斯古德领导的哈佛大学数学学派在美国影响很大，他还于 1908—1910 年任美国数学会主席。胡明复在这样高水平的导师指导下做研究，也算是适得机缘。

1917 年，他以题为 "Linear Integro-Differential Equation with a Boundary Condition"（具有边界条件的线性积分 – 微分方程）的论文获得博士学位。这是哈佛大学中国留学生中的第一个博士学位，也是中国第一个在数学方面取得的博士学位。这篇论文在

1918年10月号的《美国数学会会刊》(Transactions of the American Mathematical Society)上发表。能在这份刊物上发表的论文，可以说已达到国际水平。

胡明复到哈佛时又遇上了早其一年到此的好友赵元任，两人又同住一室。胡刚复此时也在哈佛大学读博士学位，三人中却是胡明复最先取得学位。此后不久，他便离美回国了，时为1917年9月。

二、创办《科学》杂志和中国科学社

1913年年初，原在国民党临时政府任职的革命人士任鸿隽、杨杏佛来康奈尔大学留学，救国救民的共同理想使胡明复很快与任、杨等人成为莫逆之交。这群爱国学生为图救国大业，于1914年6月发起组织了科学社。

1914年夏，第一次世界大战爆发前夕，正值胡明复毕业在即，留学生们又在一起讨论，想为国家做一点事情。作为学习自然科学的留学生，他们深知"当时欧美各国实力的强大，都是应用科学发明的结果，而且科学思想的重要性，在西方国家的学术、思想、行为方面，都起着指导性的作用……假如没有科学，几乎无以立国"。而中国最缺乏的莫过于科学，因此，他们要把科学介绍到中国来。

6月10日晚，大考刚过，十来个人相约来到任鸿隽的房间讨论组织科学社及出版《科学》月刊。到会者很热心，写了一个《科学》月刊《缘起》，以募集资金为出版《科学》月刊做准备。胡明复列于发起人的首位，后面还有赵元任、周仁、秉志、章元善、过探先、金邦正、杨杏佛、任鸿隽。胡明复与赵元任学习成绩优冠全校，而且"在科学社的组织上，明复发表的意见很多，也最得同人的赞许"。这二人排名在先非出偶然。《科学》月刊《缘起》散发出去后就得到响应，要求入社的人很多。他们另外还拟了一个简章作为筹集资本，发行期刊的大纲。

科学社是一个公司性质的团体，其资金来源是发行股份由社员认购，事业也只有发行期刊一项。这与"振兴科学、提倡实业"的宗旨相去甚远。1915年6月，胡明复、邹秉文、任鸿隽被推举起草新社章，新章程于10月25日由社员全体通过，科学社改为"中国科学社"，并选出任鸿隽（社长）、赵元任（书记）、胡明复（会计）、秉志、周仁五人为第一届董事会董事，把10月25日定为中国科学社成立纪念日。

胡明复被选为中国科学社的会计不仅是因为他有好几年商业学校的训练，更在于他对科学社事业的热心和无私。刚成立的中国科学社，靠社员的节衣缩食，从每月60元的津贴中拿出一部分作为社中活动经费，这种条件下没有一个精打细算、善于理财的管家，科学社很难生存。创业初期，胡明复和任鸿隽、赵元任、杨杏佛等出力最多，每当遇到困难，捐款名单上数目最多的也往往是他们几个。胡明复长期担任会计，兢兢业业，他管理的账目清清楚楚。在每年的年会上都交上一份详尽的财务报告，以致他去世后接手的人继续工作不觉困难。胡明复理财，是他对中国科学社的重大贡献。任鸿隽、杨杏佛等在纪念他的文章中对此都深有感触。

中国科学社刚成立时的首要任务是编辑《科学》杂志，写稿的工作重要而繁忙。整个夏天，他们夜以继日地为《科学》忙碌。秋天开学的时候，已经凑集了三期的《科学》文稿预备发刊，其中有胡明复写的10篇40多页稿件。次年（1915）1月，《科学》月刊终于在上海正式出版发行。

胡明复大学毕业后的一两年里，中国科学社的一些重要成员相继转入哈佛大学。后来，《科学》杂志办事处也迁到哈佛。胡明复离开康奈尔大学前的一个晚上，在伊萨卡的社员20多人聚在一起纪念科学社成立两周年。胡明复起而演说，希望留下的同伴们竭力承担期刊及各部事务，纪念科学社的最好方式就是使之发达永久。他的话深为与会者服膺。

胡明复去哈佛后，《科学》编辑部长杨杏佛在康奈尔继续编辑工作，常向哈佛的朋友索要稿件。曾有这样一首打油诗寄给胡明复：

寄胡明复

自从老胡去，这城天气凉。
新屋有风阁，清福过帝王。
境闲心不闲，手忙脚更忙。
为我告"夫子"，《科学》要文章。
（"夫子"是赵元任绰号）

赵元任见诗也回他一首：

寄杨杏佛

自从老胡来，此地暖如汤。

《科学》稿已去,"夫子"不敢当。

才完就要做,忙似阎罗王。

幸有"辟克匿",那时波士顿肯白里奇的社友还可大大的乐一场!

("辟克匿":Picnic,野餐;肯白里奇:Cambridge,或译剑桥)

诗中表现出他们之间的亲密友谊和工作热情,也反映出当时的紧张工作状况。

在美期间,胡明复为《科学》写了大量稿件。1926年,《科学》编辑部曾对发表的稿件做过统计并列表。由表可见,胡明复与任鸿隽、赵元任、杨杏佛发表的文章数量接近,而在创刊的第一年中胡明复居首位,第2年稍次于任鸿隽,第3年的9月他已回国了。胡明复留存于世的作品主要发表在《科学》前3卷上,约50篇15万字。

胡明复的作品内容非常广泛,除基础自然科学外,还有教育、军事、工商等方面。如数学方面的《近世纯粹几何学》,物理化学的《万有引力之定律》《伦得根射线与结晶体之构造》《用合金取氢气法》,天文的《日斑出现之周期》《彗星》,生物的《雪线以上之

卷号\页数\作者	胡明复	任鸿隽	赵元任	杨杏佛	秉志	竺可桢	胡先骕	谢家荣	唐钺
1	150	147	133	104	114	0	21	10	61
2	80	86	64	47	65	31	20	0	45
3	37	97	76	78	9	63	14	8	12

(注:据《科学》第11卷第12期统计表改排)

显花植物》《气候与动物吐出碳氧气之关系》《鸟之岁迁》，教育类的《美国各大学中之外国学生》《教育之性质与本旨》，军事的《晚近行军三要素：编制、装备、训练》，工商类的《近年美国出口货之奇增》等。他还写一些用科学知识揭露迷信的短文，如《灾异》《连生》等。

胡明复当作者的同时又是编辑。胡适在回忆《科学》创刊初期情况时写道："明复在编辑上的功劳最大，他不但自己撰译了不少稿子，还担任整理别人的稿件，统一行款，改换标点，故他最辛苦。"

中国科学社的楷模是英国皇家学会，很多活动是模仿而来，年会即是其中之一。自 1916 年起，每年都召开年会。首届年会于 9 月 2 日在麻省菲力柏学校（Philips Academy）举行。会上胡明复做了详细的会计报告。他在会上被选为四名两年董事之一，竺可桢等当选一年董事。在晚间举行的交际会上，胡明复为社友们主持了数学游戏。第 2 届年会时，胡明复已获博士学位，即将回国来不及赴会。他提前到达开会地点，安排妥当后匆匆离去，会计报告由社友代读。第 3 届年会仍在美国举行，胡明复在国内无法到会。

1918 年 8 月，中国科学社第 4 次年会在杭州举行。这是首次在国内开年会。胡明复代表社长任鸿隽（任于 6 月去四川筹办钢铁厂）主持了年会。他在致辞中对国家贫穷落后的局面深表担忧，希望政府及社会各界重视科学、发展教育。他说："吾人根本之大病，在看学问太轻。政府社会用人不重学问，实业界亦然；甚至学界近亦有弃学救国之主张，其心可敬，其愚则可悯矣。"

1920年，中国科学社从财政部争取到南京成贤街文德里的一所官房为社所，从而有了自己的固定社所。为纪念这一成绩，这一年的年会就在装修一新的文德里新社所举行。会上胡明复继续当选董事会董事、会计、编辑员。

1921年，中国科学社得到教育部补助款每月200元。9月在北京召开年会，因津浦铁路被洪水冲断，南方社友赴会者寥寥无几。胡明复还是如期到会并按惯例做会计报告。

1922年，第7次年会在南通召开。由于张謇的帮助，地方当局和社会名流出席年会者甚多，资助也很可观。社友们会聚南通，盛况空前。胡明复除做会计报告外还协助会务。

1923年，第8次年会在杭州召开，来宾极多，包括督军卢永祥、省长张载扬等，胡适也参加了年会。胡明复与杨杏佛看到科学社的精神日渐退化，理事会的职员年年都是胡、杨和任鸿隽，于是两人与任相商，三人同时坚决表示以后不再担任理事会的职务。于是丁文江、翁文灏先后担任社长，会计由过探先担任。可是胡明复虽然辞了会计的名义，实际上的责任与工作并没有减轻。社中的日常杂务、年会会务等主要还是由他承担。

1926年，中国科学社第11次年会在广州召开，这是胡明复最后一次参加年会。他与翁文灏、孙科、竺可桢等同为会程委员会委员。他在社务会上报告了社务发展及基金管理状况，并提议设立建设服务委员会，专代人计划工程、委托研究及介绍人才等事。提议获得支持，他与王琎、李熙谋被推举为筹备委员。

早期的中国科学社得以生存和发展，与胡明复的种种努力密不可分。数学史家钱宝琮说，他在英国时也曾参加过类似科学社的组织，成员亦增达数十，但后来便各自星散。其根本原因全在于缺少胡明复这样的人物。后来钱宝琮便加入了中国科学社。

三、科学救国的理想与科学观

胡明复的少年时代，中国社会正处于动荡不安之中。甲午战争惨败，戊戌变法夭折，义和团运动失败及随之而来的八国联军进京，使中国人面临亡国灭种的危险。在留学生中，"救国保种"的思想传播很广。1911年推翻帝制，更助长了留学生们的政治热情。胡明复也是热血青年，他除学习外还非常关心政治，常去翻阅有关时政的杂志。

1912年11月，胡明复与胡适发起一个政治研究会，研究讨论世界政治。他们很快就有了10个成员，还制定了章程：每两周开会一次；每次讨论一个问题，由会员两人轮次预备论文宣读，论文之后由会员讨论；每会由会员一人轮当主席；会期在每星期六下午2时。

政治研究会第一次正式开会时以胡适与过探先的"美国议会"为题，后来又讨论过英、法、德的国会制度。在当年12月21日的会上，由胡明复与尤怀皋讲演"租税"。胡适在日记中对他们讲演的评价是："甚有兴味，二君所预备演稿俱极精详，费时当不少，其热心可佩也。"此外，胡明复还参加过留学生许先甲提议组织的"社会改良会"。

从胡明复留美的头几年看，他在多方探索救国道路，其中包括依靠政治变革、社会改良来实现救国理想。但随着对科学理解的深入和对西方社会中科学所起作用的了解加深,至《科学》创刊,他的思想已定型于"科学救国"。

《科学》发刊词是中国科学社同人接受"科学救国"思想的标志,它也代表了作为社中核心成员的胡明复的思想。发刊词中写道:

> 抑欧人学术之门类亦众矣,而吾人独有取于科学。科学者,缕析以见理,会归以立例,有鳃理可寻,可应用以正德利用厚生者也。百年以来,欧美两洲声明文物之盛,震铄前古,翔厥来原,受科学之赐为多。

在多方论述了"科学之有造于物质""科学之有造于人生""科学之有造于智识"和科学影响于道德之后,发刊词宣称:

> 乌呼!临渊羡鱼,不如退而结网。过屠门而大嚼,不如归而割烹。国人失学之日久矣,不独治生梏窳,退比野人;即数千年来所宝为国粹之经术道德,亦陵夷覆败,荡然若无。民生苟偷,精神形质上皆失其自立之计。虽闭关自守,犹不足以图存。矧其在今之世耶。夫徒钻故纸,不足为今日学者,较然明矣。然使无精密深远之学,为国人所服习,将社会失其中坚,人心无所附丽,亦岂可久之道。继兹以往,代兴于神州学术之林,而为芸芸众生所托命者,

其唯科学乎,其唯科学乎!

其"科学救国"愿望表现得非常强烈。

在胡明复所处的时代,"科学"一词在中国才流行十余年,同用一词,含义多歧。胡明复辈对"科学"做何理解呢?

胡明复自读家塾起已开始接触自然科学知识,在其后的南洋公学与实业学堂中又学习了基础科学课程,至留学阶段完全走上西方科学教育正轨,从而受到系统正规的自然科学训练。他与留学生们对科学有着基本一致的英美式理解,即自然科学,其特点在注重观察、实验,注重科学方法。《科学》一开始就把科学分为两类:物质科学与自然科学。前者指物理学、化学、天文学等,后者指动物学、植物学、气象学、地理学等。二者都是自然科学内容。任鸿隽在《说中国无科学之原因》一文中说:"科学者,智识而有统系者之大名。就广义言之,凡智识之分别部居,以类相从,井然独绎一事物者,皆得谓之科学。自狭义言之,则智识之关于某一现象,其推理重实验,其察物有条贯,而又能分别关联抽举其大例者谓之科学。是故历史、美术、文学、哲理、神学之属非科学也,而天文、物理、生理、心理之属为科学。今世普通之所谓科学,狭义之科学也。"胡明复对科学的定义也持相同看法,并把这一概念抽象化:科学者,研究宇宙中事物间种种关联(不限于数量之关联)之学;其目的,则一方面在观察宇宙中事物之常理而求其运行之通律,一方面又自其已得之通律求新事实。他的这种观点直接受到奥斯特瓦尔德的影响。

与任鸿隽一样，胡明复强调科学的实质在于科学方法："夫科学何以异于他学乎？谓其取材之不同乎？则哲学与文学皆取材于自然，而皆不以科学称，且科学之中，每有彼此之间犹南辕与北辙，而有时反与非科学相关至密切者。……盖科学必有所以为科学之特性在……此特性者何？即在科学之方法。"胡明复注重科学方法与皮尔逊的启发分不开。

对于科学方法——归纳与演绎，胡明复特别推崇前者。因为归纳是"先观察事变，审其同违，比较而审察之，分析而类别之，求其变之常，理之通，然后综合会通而成律，反以释明事变之真理。故归纳之法，其首据之事理为实事，而其归纳之结果则为通理，即实事运行之常则也"。而演绎"自一事或一理推及他事或他理，故其为根据之事理为已知，或假设为已知，而其推得之事理为已知事理之变体或属类"。所以，"自此性质上之区别观之，科学之方法当然为归纳的，科学取材于外界，故纯粹演绎不能成为科学"。

胡明复当然也知道归纳法的缺陷：只能保证过去的知识必然性而不能保证未来知识的必然性。他写道："严格言之，事变不尽，则归纳之理不立。日月东升西落，世人所习知，而归纳之结果也。然安知明日不西升东落乎？故虽日月东升西落之常理，亦不得谓为绝对之归纳，其理之永远确实与否终在不可知之列。"由于宇宙变化无限而人世有限，"是以科学上之归纳……皆有其限制，……以其归纳非绝对，故其归纳所成之理仍含有假设之性质。"所以最终胡明复还是认为："科学之方法，乃兼合归纳与演绎二者，先做观测，微有所得，乃设想一理以推演之，然后复做实验，以视其合否，不合则重创一新理,合而不尽精切则修补之,然后再试以实验,再演绎之;如是往返于归纳演绎之间,归纳与演绎即相间而进,故归纳之性不失,而演绎之功可收。"

胡明复留学期间广泛研读当时世界一流科学家、哲学家的著作。马赫、彭加勒、皮尔逊、赫胥黎、魏斯曼等都对他产生过影响。他接受了实证主义原则、思维经济原则,认为人的知识不能超出经验之外,经验以外的东西无从可知。在《科学方法论》系列第二篇文章中表述了这种观点:"所谓事变者,其为外界之真正事变乎?……外界变动,侵及五官,五官复借神经之媒介传入大脑,乃生感觉。故凡有事变,自其起于外界之初,至其为吾人感觉之倾,其间所经间介物层数众多,是则吾人之所谓事变,殆吾人脑中所有外物之影像耳,其非真正之事变可断言也。第其诸层媒介之作用,各有定程,外界一举一动,于内必有相等之影像。故内外相应,无有错乱,若吾不审,则且认此影像为真物矣。然惟以其内外相应,无有错乱,故吾人感觉中之事变之通则,于外界亦有相当之事理与之对应。"因之,科学的任务就是用最少的思维描述和整理由观察、实验得到的经验材料,得出与外界事变相对应的科学律例。科学律例产生于人的意象之中,不能完全等同于外界事变,因而"若海王星之发见,地圆之证明",与"化学上之分子原子说,今日物理中之电子说,皆臆造之物象……至于分子、原子、电子之究竟存在与否,实未可知"。

对于科学定律,胡明复以马赫的"作业假设"来解释:"定律者,许多事实之通式也,有如许情节,即有如是结果,无次不验,遂得一定律，然所谓无次不验者，以前无次不验也，又安知将来亦复无次不验……是以定律之效力，只为假定的、暂时的。换言之，一日定律与事实合，则一日认其为真确；如有一次不验，则其定律永失其效力。"这样，就由经验的或然性进而放弃了因果律的客观性。在他的第三篇科学方法论文章中，专门论述了概率，从而比较系统地向国内介绍了实证主义观点。

由于受西方思想影响和自己对科学更进一步的理解，胡明复没有走向唯物论的绝对真理观，与同时代许多科学的倡导者如吴稚晖、陈独秀大不相同。他对科学的期望在于科学中的理性精神，而不是科学知识与物质成就。科学与技术为社会创造物质文明，这作为科学的救国功能的一个方面自然不可忽视，所以在《科学》发刊词中，"科学之有造于物质"被列于科学效用的首位，在这段文字中，使"山陵失其险阻，海洋失其邈远"的汽车轮船，可"一日而有十年之获，一人而收百夫之用"的蒸汽机、电力等大受赞扬。但仅靠技术图谋国家强大的希望在洋务运动、甲午战争的结果面前显得非常渺茫。而且在理论上，胡明复所持实证主义的科学观念与机械唯物论的直线因果观之间存在很大差距（后者支持了技术救国的主张）。故胡明复在谈科学救国时说："今之论科学救国者，又每以物质文明工商发达立说矣。余亦欲为是说，虽然（如此），科学不以实用始，故亦不以实用终。夫科学之最初，何尝以其实用而致力焉，在'求真'而已，真理既明，实用自随。"所以他极力主张提倡科学方法、科学精神。

科学方法和科学精神是胡明复阐述科学功能的核心观念。科学精神即科学方法之精神,"精神为方法之髓,而方法则精神之郛","科学方法之惟一精神,曰'求真'"。这里的"真"是实证主义意义上的"真理","所谓真者,事与律相符之别号耳"。

由上而知,胡明复与某些人把科学教条化、信仰化的立场不同,他主要地把科学当作一种原则,一种指导人们解决各种问题的原则。从以下几个方面可以看到他对科学寄托的期望。

科学与国家社会:胡明复没有把法制而是把社会、国家中个人的责任心作为社会、国家康健稳固的保障,这对国民素质提出了很高的要求,而科学恰可担此重任。"科学审于事理,不取臆断,而惟真理是从,故最适于教养国民之资格。审于事理,则国家社会与个人之利害关系明;不从臆断,则遇事无私;惟真理是从,故人知其责之所在。自反面言之,国民对于社会国家心切,故监察甚严,虽有败类佥壬而社会国家不为所倾复,此科学精神之影响于社会国家之安宁与稳固者也。"

科学解决社会问题:"近世西国每数年必为一统计,每有一事则为调查。于是社会上之倾向、之习好、之弊端、之优点,皆了然无遗,乃复依情设救,防患于未然。"例如地方卫生、劳工生活等。另外,改良社会可通过用科学手段减少社会不良分子来实现。根据魏斯曼的遗传理论,人类受后天影响产生的习惯不会遗传。于是,"人之生性为善而习于恶者,其子其孙不必即生性为恶,故苟以善良之教育于其子孙,而不令与恶社会相接触,则其子孙多能为善。反之,生性为恶者,虽偶习于善,其子其孙亦必不良,即可以直接或间接之方法阻滞其繁殖,此于无形中增加社会之善良分子也"。

科学与民智、民德：胡明复站在实证科学的立场上，必然对迷信、盲从进行批判。从下面一段话可看到他反迷信、启民智的态度："习于科学而通其精义者，仅知有真理而不肯苟从，非真则不信焉。此种精神，直接影响于人类之思想者，日排除迷信与妄从。考诸西国科学发达史，盖自科学发展以来，几无日不与旧迷信、旧习尚、旧宗教、旧道德相搏战。然其结果则不特科学自身之发展而已也，即风俗道德与宗教亦因之日进于纯粹，而愈趋于真境，……返顾吾国则犹如西国之中世纪，斤斤焉于古人之一言数语，而不察于实事，似以为宇宙中之大道至理皆可由此一言数语中得之。今日'复古'之潮流，犹是此心理之流毒。而此种寻章摘句之又一大恶果，则为其重于章句而忽于真义，是以往往言不由衷，言行相违，宛如两人，廉耻道丧，而文化亦日即衰落，学问道德政治社会，皆存其形仪而失其实际，可慨也已。然则有补救之方策乎？曰有，提倡科学，以养'求真'之精神。知'真'，则事理明，是非彰，而廉耻生。知'真'则不复妄从而逆行。此为中国应究科学之最大原因。若夫科学之可以富国强兵，则民智民德发育以后自然之结果，不求而自得者也。"

笃信科学救国，科学如何救国，胡明复即做如上说。

四、科学救国的实践

1917年9月，胡明复离美回国，为襄助胡敦复办理大同学院而留在上海。由于国内形势恶劣，社会无视科学，《科学》常因经费困难而不能如期出版，原本打算增设季刊的计划被迫取消。次年，得北大校长蔡元培相助,由北大每月拨款 200 元作为《科学》的印刷费,《科学》勉强渡过难关。年内,中国科学社骨干成员任鸿隽、杨杏佛等纷纷回国,办事机构也迁回国内,借大同学院和南京高等师范学校社员之便,在上海、南京设立事务所。上海事务所专办经销、会计及图书馆筹备工作,靠胡明复一手承担。在《科学》的通告中就可看到,除会计外,国内各方接洽、驻沪编辑、经理购书等任务也落在他肩上。此外还有一件费时费力而又无名的工作,就是《科学》文稿的标点校对。胡明复十年如一日默默无闻地承担了这项工作。

除《科学》外,胡明复为普及科学知识、发展科学事业还做了许多努力。翻译《科学大纲》即为其一例。《科学大纲》(The Outline of Science)是苏格兰阿伯丁大学博物学教授托马森编纂的一部介绍科学发展概观的著作。胡明复与王琎、任鸿隽、杨杏佛、竺可桢等多人将其译为中文,以向国内读者系统介绍西方科学理论。此书 1924 年 1 月由商务印书馆出版四卷本。1930 年列入"万有文库"出版小型 14 册新版,图文并茂,即以今日眼光视之仍不失为科普佳作。

名词审定是科学事业的一项基本建设。科学社成立之初即把科学名词的审定列为重要工作内容。1919 年首次在国内开年会时,胡明复就提出设常任委员随时研究、审查科学名词,并在《科学》上宣布。他为数学名词审定做了大量工作。他与数学家姜立夫(胡明复的小妹妹胡芷华于 1935 年与姜结为伉俪)共同起草了数学名词草案。经过几年的仔细审查,我国最早的这部《算学名词汇编》于

1938年出版。另外胡明复还著有《高等解析问题》一卷。

发展科学教育是胡明复为促进科学事业进步而培养人才的主要措施。他在留美期间就计划将来回国办一所理想的大学。为此他与同学们组成一个团体，制订了简要计划。他个人对办学进行了详细周密的规划，写成长达几十页的英文信寄给赵元任看。信，我们已无法见到，但赵元任回信的第一句话"Superlative admiration for your thoroughness"（对君之周详完美钦佩之至）足以说明胡明复对办学的热情。他归国后便把大同学院作为办理想大学的根基。

大同学院是立达学社创办于1912年的私立学校。1911年，胡敦复与在清华任教的10位同人朱晚香、华绾言、顾养吾、吴在渊等，"因慨社会之不良，痛外力之荐食"而共同创立了立达学社，以研讨学术，编译书籍，兴办学校。辛亥革命后社员纷纷南返，在上海创办了大同学院，推举胡敦复为校长。大同学院经过苦心经营，至胡明复归国时，已购地10余亩，建起数座校舍，前后有800多学生进校学习过。第一期学生为91人。

胡明复来到大同学院，除了教学还兼管校务。校长胡敦复常为社会活动所累，校中日常杂务便由胡明复承担，而且他善于理财，自然成为大同学院的"管家"。1922年，大同学院获教育部注册改名大同大学，学校逐步扩大，又陆续建起礼堂、教室、宿舍等建筑，校园扩大到90亩。这些设施从打样、监工到与各方接洽交涉，都由胡明复一手操持。他在大同教课不取薪水，反将在其他学校教课所得之相当部分接济大同大学的建设。他收入最丰时每月不过400元左右，他的积蓄来自节俭。"他住的是斗室，穿的是敝衣，吃的是粗羹，乘的是电车。"立达社员及其他聘请教师也尽其所能，竭力支持办学。故大同大学蒸蒸日上，成为私立大学中能与北方南开大学媲美的学校。

在教学上，胡明复是上海有名的教授，他的课深得学生好评。他在大同大学教授数学、物理等课程。其实，以胡明复的学问与名望，他完全可以到条件更好的大学去担任更高的职务，也可有机会增进自己的学术研究，但是为了中国科学社和大同大学，他几度谢绝北大等校邀请，只在上海南洋大学和东南大学分设的上海商科大学任算学教授。也曾在南洋中学任教。

五、科学事业的开路小工

胡明复毕生以兴办教育、科学救国为己任，矢志不移，这与其家族传统关系很大。胡明复是北宋学者、教育家胡瑗 31 代孙。受家风熏陶，后辈从事科学、教育事业者大有人在。

从社会背景来看，自甲午战争失败后，民族危机空前严重，"救亡"之声遍于全国。此时严复已有西学以"格致"为本，"西学救亡"即以"西学格致"来"救亡"的主张。1898 年，严复所译《天演论》首次出版，以自然科学为基础的进化论思想在中国社会广泛传播。到 1902 年，随着《天演论》中的"格致"变为《原富》中的"科学"，严复在 1895 年形成的"西学格致救国"论也演变为"科学救国"论。此后 10 多年，科学救国发展成一股强大思潮，对知识界影响很大。胡明复就在这种潮流中走上了科学救国的道路。不过，作为思想家的严复以西方的"科学立国"论证了中华需要"科学救国",而作为实践者的胡明复则把这一思想细致化、具体化、行动化。

另外,胡明复在美国的7年留学生活中,耳濡目染西方社会科学技术带来的物质成就和在思想行为方面的指导作用,必然地学习借鉴西方的经验。中国科学社就试图以英国皇家学会的形式发展中国自己的科学事业。社中成员多为留美学生,他们建立的组织机构、活动方式都模仿了西方科学体制。胡明复为中国科学社的组织、刊物、年会、名词审定、图书馆筹备等项事业所做的种种努力,都是为建立真正独立的科学体系而进行的基本建设。他为此放弃了自己搞学术研究的机会且并不惋惜。

在科学的许多倡导者中,胡明复能与众不同、十年如一日默默地为科学献身,除上述家族传统、社会背景与西方教育影响外,有一个重要因素是他的个人情操。他常说:"我们不幸生在现在的中国,只可做点提倡和鼓吹科学研究的劳动。现在科学社的职员社员不过是开路的小工,哪里配称科学家。中国的科学将来果能与西方并驾齐驱、造福人类,便是今日努力于科学社的一班无名小工的报酬。"他就是以这样的开路小工精神为科学事业奉献了一生。任鸿隽评价胡明复说,现在社会上要找飞扬浮躁的人才,可算是车载斗量。但是要找胡明复这样实心任事、不务虚名的人,却好似凤毛麟角。他倒用牛顿的话说:"倘若以明复的天才与训练,而未能在科学上有显著的贡献,那是因为一般矮子所带累的缘故。"杨杏佛与胡明复交情很深,他写道:"他(明复)自己布衣粗食,刻苦耐劳,日夜工作,几乎没有一点娱乐和休息,但是他对于朋友及公共事业却十分慷慨,从来不吝啬。……他的婚姻是不甚美满,……却宁甘终年独处,过他那种枯槁劳苦的生活。直率点说,明复在上海的生活简直是一个寄住在人家的苦行和尚,不过他所信仰的是科学不是佛教,他所修的是人类的光明不是自己的幸福或成佛升天的痴想。"

胡明复致力科学救国,对政治不感兴趣。1927年春,北伐军抵上海后,胡明复曾任上海政治分会教育委员会委员。但两月后便以不遂所志而辞职,辞呈中有个人思想落后及不愿附和苟同等语。

1927年6月,胡明复婶母去世。胡明复赶回乡里为其送葬。出殡的日子是6月13日,闷热雨天。下午,心情抑郁的胡明复到村子前面的横河口泅水,不幸溺水身亡,时年仅36岁。

胡明复的突然去世使中国科学社、大同大学的同事、朋友们非常痛惜。胡适、任鸿隽、杨杏佛等挚友更觉悲伤,他们与何鲁、钱宝琮等在中国科学社和大同大学的追悼会上做了极为沉痛的演讲。为纪念胡明复,政府方面由中央明令褒奖。中国科学社拟建"明复科学馆",后改为建"明复图书馆",胡适还提议为之编论文集。《科学》第13卷第6期作为胡明复纪念专号,刊载了胡明复略传,他在美国发表的博士论文和严济慈写的论文分析,还有马相伯、任鸿隽、胡适、杨杏佛等人的纪念文章。

1929年7月,中国科学社举行社葬,将胡明复遗体安葬于风景秀丽的杭州西湖烟霞洞山坡上。同年11月,中国科学社借蔡元培、孙科之力,在上海亚尔培路购地开工兴建"明复图书馆"。1931年元旦落成开馆。这是中国科学社的第一座大型建筑,用胡明复的名字命名,表达了社中同人对这位置身科学、教育事业,为科学社鞠躬尽瘁的创始人的尊敬和怀念。

今天,胡明复墓遮没在大自然的葱郁草木之中,墓前依稀可见蔡元培先生题写的"中国科学社胡明复先生……于此"字样,墓碑半掩于沙土,朴真中透着凄凉,而"明复图书馆"早已改为"卢湾区图书馆"。

(作者:夏 安)

杨杏佛

中国现代杰出的科学事业组织者和社会活动家

杨杏佛

（1893—1933）

> 种树喜长杨，非关瘦可怜。
> 喜其奇劲枝，一一上指天。
> ——胡适题与杨杏佛等合影诗

杨杏佛（1893—1933），本名杨铨，家谱排名为宏甫（又作衔甫）。他在世40年间，是中华民族历史上灾难深重的时期，也是鸦片战争以后，无数爱国志士前赴后继，流血牺牲，奋发图强，救国救民于危亡之际的战斗时期。为了强国富民、再造中华，杨杏佛奔走长呼，振聋发聩；为了提倡科学、造福人群，他运筹帷幄，心力交瘁；为了政治民主、反对独裁，他义无反顾，惨遭毒手。他不仅是中国现代史上一位有影响的社会活动家，同时也是一位杰出的科学事业组织领导者。他作为我国现代第一批科学家队伍中的一员，为中国现代科学事业的奠基和发展，做出了卓越的贡献。从杨杏佛身上，我们同时可以看到中国科学在现代艰难起步和曲折前进的历程，看到与他同时代的一批先进知识分子为发展我国科学事业所进行的艰苦卓绝的努力。

一、少年气盛，怀匡时济世之志

1893年4月5日（光绪十九年二月十九日）杨杏佛出生于江西

玉山。杨家祖籍江西清江，杨父永昌，字景周，母刘氏，杨永昌夫妇膝下有子女六人，杏佛居五。就在杨杏佛出世后第二年，中日甲午战争爆发，李鸿章苦心孤诣经营的清廷北洋水师全军覆没，国运更趋衰落，杨家生活也不甚安定。幼年杨杏佛跟随父母北上南下，由玉山而江苏扬州，后又到浙江杭州，流离颠簸，备尝艰辛。

虽然家境清贫，身为朝廷小官吏的父亲还是咬着牙让杨杏佛6岁就进了私塾读书。小杏佛生性好动，酷爱小刀枪、小人马之类的玩具，有时从父母手中讨得几个铜板，就去买这些东西。回家后总是把它们拆得支离破碎，然后再想办法自己重新拼装，如此反复不已。儿时的乐趣，几乎全在此中。

杨杏佛13岁那年，担任典狱长的父亲因失职跑了犯人，被革去官职投入监牢。春节期间，为了能让父亲回家过年，小杏佛前往狱中代父受过，蹲了3天大牢，目睹了社会底层中的黑暗与卑劣。这件事给少年杨杏佛的刺激极为强烈，它的打击是双重的，不但在经济上，同时也在政治上。一方面，父亲由此砸掉了饭碗，家中生计艰难，百事大小全赖母亲躬亲苦作，杨杏佛不再贪玩，每天放学后就帮助母亲操持家务，为家分忧。另一方面，他开始感受到这个社会的不平，渴望了解世界上更多的东西。当时在私塾已经看到《申报》，他经常找来阅读，尽管有时不免生吞活剥，但关心社会的志向由此逐渐确立。

1908年杨杏佛15岁，家境日益艰难，一家人经常面临断炊的困境。"兄弟四五人，零落已及半。饥来相驱逐，各向东西散"的诗句，即是杨杏佛后来对家庭破落的描述。此时的清王朝，年仅3岁的末代皇帝宣统刚刚登基，已经到了风雨飘摇、气数将尽之时。国难家破，驱动杨杏佛毅然离开家门，走上独立生活之路。这一年，他到了上海，报考由留日回国学生自行创办的中国公学。

中国公学1906年成立之初，学员主要为当时留日归国的官费生。它的教职员和同学中，年轻的革命党人很多，他们早就剪去辫子，身着西装，在校园里除了教与学，还积极宣传孙中山的三民主义，宣传达尔文的进化论，宣传自由、平等、博爱的思想，宣传建立民主共和国的目标。学校里实行的是一种民主管理体制，由班长和宿舍长组成的评议部是学校的最高权力机关，公选产生的执行部成员要对评议部负责，受评议部监督甚至弹劾。公学的师生还可以很方便地看到在日本东京出版的中国同盟会机关报《民报》，每逢寒暑假，同学中常有把《民报》缝在枕头里带回内地传阅的。这种自由民主的空气，是15岁的杨杏佛从来不曾呼吸过的，他过去从《申报》中朦胧了解的社会动荡和变革，在这里开始变得具体和现实。就在杨杏佛入学这年，中国公学发生了一场大风潮，为了校章修改问题，广大学生与管理学校的诸位干事间发生了严重分歧，最后导致绝大多数同学集体退学，另行组织"中国新公学"。新公学的校舍、图书、仪器等设备都远比不上老公学，经费非常困难，但是人心很齐，同学和教职员心甘情愿吃苦，要争一口气，它的学生也比老公学多。杨杏佛在中国公学先后学习3年，其中第一年就在新公学，当年17岁的胡适曾是他的英文教员。新公学的一年是令人难忘的，正如胡适所言："这一年的经验，为一个理想而奋斗，为一个团体而牺牲，为共同生命而合作，这些都在我们一百六十多人的精神上留下磨不去的影子。"新公学一年后经人调停重新并入老公学,搬进了在吴淞的中国公学新校舍。

3年新老公学的经历对杨杏佛今后的一生至为关键。在这里他不但打下了中国传统文化的底子,也初步接触到充满批判和理性精神的西方近代科学技术,更接受了民主思想的启蒙和民主实践的熏陶。就是在这一时期,杨杏佛加入了以"驱除鞑虏,恢复中华,创立民国,平均地权"为宗旨的中国同盟会。

此时,上海还活跃着以柳亚子等同盟会员为主发起的中国近代第一个民族革命旗帜下的文学社团——南社。南社成立于1909年,它以文会友,提倡节气,反抗清廷。取名南社,暗示反对北廷的意义,按柳亚子的话说,"发起的南社,是想和中国同盟会做犄角的"。杨杏佛经过9年私塾训练,喜爱赋词作诗,又逢政治旨趣相同,自然声应气求,写下了许多满怀壮志的诗篇。一首载于《南社词集》的《贺新郎·题亚子分湖旧隐图》,可谓把杨杏佛满腔爱国热情和政治抱负表达得淋漓尽致。

一勺分湖水,问年年扁舟选胜,俊游能几?乱世不容刘琨隐,满眼湖山杀气,更谁辨渔樵滋味。莫便声声亡国恨,运金戈返日男儿事。风与月,且丢起。

征尘黯黯中原里,四千年文明古国,兴亡如此!燕子东飞江潮哑,儿女新亭堕泪,何处是扶危奇士?不畏侏儒能席卷,怕匹夫不解为奴耻。肩此责,吾与子!

拯救国家，肩责兴亡，杨杏佛想到首先得掌握一些基本的本领。1911年，他从中国公学毕业后考取了唐山路矿学堂，分配在预科六班，与茅以升、李俨、裘荣为同班好友。然而入学不久，武昌起义爆发，迅速点燃了全国各地的革命烈火，清王朝的丧钟最终敲响。社会动荡，学校宣布暂时停课，身为同盟会会员的杨杏佛就像接到了战斗号令，直奔武汉投身革命。以后，他与中国公学的老校友任鸿隽一同来到南京，在孙中山领导的中华民国南京临时政府总统府秘书处工作。秘书处是临时政府的主要办事机构，日常工作主要是草拟文告，批答各方面的公函文件。杨杏佛在秘书处负责文件收发。那时清王朝刚被推翻，民主政治放开，百废待举，各地条陈、建议的函件每天如雪片般飞向秘书处，杨杏佛以高涨的革命热情、认真的工作态度，担负起看管民国临时政府"窗口"的重任。

可惜，南京临时政府存在只有三个月，南北议和后，新任的政府总理唐绍仪南下接收时宣布，愿意继续为官的临时政府工作人员可随同北上。可是杨杏佛等人对新政府存有疑虑，又看到多年追随的领袖孙中山准备从事实业，实践民生主义，就拒绝北上，向孙中山提出到国外学习的请求。经批准，杨杏佛和任鸿隽、吴玉章等一批参加革命的有功之士，由稽勋局派遣出国留学。

在等待出国的一段时间里，杨杏佛应任鸿隽之邀，共同为天津《民意报》工作。任为总编，杨为驻北京记者。《民意报》是京津同盟会的机关报，言论总是针砭袁世凯政府肮脏内幕，杨杏佛几乎每天都有信件或电话给任鸿隽，报告袁世凯政府举动，使该报成为反袁的重要喉舌。

二、留学六载，图"科学救国"之业

《民意报》驻京记者的生涯不过半年，杨杏佛赴美留学的一切手续办妥了。1912年11月，他与任鸿隽等11人，在上海乘"蒙古"号海轮，漂洋过海，前往世界现代科学正勃然兴起的西方，寻求拯国救民的新道路。他和任鸿隽于12月1日到达美国纽约州伊萨卡（Ithaca）城。美国大学常青藤联盟（Ivy League）之一、享有盛名的康奈尔大学（Cornel University）就坐落在这风景秀丽的小城边。当天中午，一年多前已进康奈尔大学学习的胡适到城中汽车站去迎接他们。三人同是中国公学校友，别后相逢在海外，自然喜不可言，在胡适住处留宿的第一夜，大家畅谈天下大事，议论国家兴衰。胡适当天日记中载："二君为谈时下人物，有晨星寥落之叹。"海外学子，虽处异地他乡，忧国忧民之情总是萦绕在心，念念不忘。

康奈尔大学历史悠久，学科齐全，是当年接收中国留学生最多的学校之一。可是说也奇怪，那时留美中国学生，都以学习自然科学和技术工艺为时尚，胡适在康奈尔大学学农科，赵元任在康奈尔大学学数学，与他们后来所从事的哲学、语言学都相去甚远。个中原因，既有官场窳败、政治黑暗的社会背景令留学生心寒的一面，也有国家振兴唯靠科技的思想认识因素在内。杨杏佛从小喜欢摆弄拼装零件，在康奈尔大学选择了机械工程系，任鸿隽则选学化学工程。

从1912年年底到1916年，杨杏佛经过将近四年的学习取得康奈尔大学机械工程专业学士学位。进一步再学什么？当时学完本科再考研究生的留学人员中，一般有两类专业志愿：一是继续在原专业方向上发展、深造，如任鸿隽、周仁都是如此；二是转学自己原先喜好的哲学、文学等，如胡适、赵元任等。杨杏佛经慎重考虑，独辟蹊径，选择了中国留学生很少问津的工商管理专业读研究生。1916年暑假结束后，杨杏佛考入美国哈佛大学商学院。这是一所全世界最高水准的经济管理学府，他先后选学了经济学、统计学、工商管理等方面的课程，并深入到美国第一流大企业——福特汽车公司实习调查。哈佛商学院的理论学习和福特公司的实地考察，给杨杏佛观察和分析中国社会经济问题，提供了一个相当高的立足点，在后来的著作和教学中，经常可以看到这位哈佛大学经济学硕士不同他人的独到见解。

杨杏佛留美前后6年，除了完成毕业，取得学士和硕士学位之外，还参与和发起了中国现代史上事关民主和科学的两件大事：创建我国最早的综合性民间科学团体——中国科学社；讨论文学革命从而奏起五四新文化运动的序曲。

中国科学社的创建始于1914年。美国康奈尔大学的校园里，汇聚了一批全身流淌着爱国热血的中国留学生，他们经常聚会讨论，聊发书生意气，畅谈救国理想。那一年大考刚刚结束，6月10日晚餐后又聚在学校的世界大同俱乐部（Cosmopolitan Club）廊檐下谈论。当时，世界局势动荡不安，以德、奥、意为一方的同盟国和以英、法、俄为另一方的协约国，剑拔弩张，第一次世界大战爆发在即。大家谈到国际风云变幻莫测，中国人民将面临更深重的灾难，我们留学国外的同学能做点什么为国效力时，杨杏佛和任鸿隽首先提出：中国所缺乏的莫过于科学，我们在国外的多是学习科学的，其他事做不了，办一份刊物向国内介绍、宣传科学还是力所能及的。这一建议立即得到在场人员的一致赞同，杨杏佛受托起草办刊物的章程。办刊物需要一个机构，他们就组成一个科学社；为防止虎头蛇尾，大家商议每人出股投资，用类似股份有限公司的形式支持刊物长期出版。

杨杏佛拟就的《科学社招股章程》包括了定名、宗旨、资本、股份、交股法、权利、总事务所等九条。章程规定："本社定名科学社（Science Society）。""本社发起《科学》（Science）月刊，以提倡科学，鼓吹实业，审定名词，传播知识为宗旨。"6月29日，章程连同《科学》月刊《缘起》，由赵元任、胡明复、周仁、秉志、章元善、过探先、金邦正、杨杏佛、任鸿隽等九人联合署名作为发起人，寄发旅美各大学的中国留学生和国内学术界人士。不到几个月，就征集到社员77人，股金500余美元，收到足以供月刊使用三期的稿件。《科学》月刊于1915年1月起正式出版，杨杏佛任主编。半年后，社中同人感到要谋中国科学发达，单发行一种杂志不够，于是又修订社章，于1915年10月25日正式成立中国科学社，推选董事会，设立编辑部，杨杏佛为编辑部长。

《科学》月刊一问世，就把提倡和实行"科学救国"作为自己的基本任务。创刊号上的《发刊词》集中反映了这种指导思想。杨杏佛等人从贫穷落后的中国来到美国，耳濡目染现代科学技术给西方带来的巨大物质文明，痛切感到："世界强国，其民权国力之发展，必与其学术思想之进步为平行线，而学术荒芜之国无幸焉。"

科技发达，学术进步，带来了西方社会物质生产、人均寿命、知识水准、道德伦理的普遍提高和巨大变革。反顾国内，则是一片破落衰败之景象："国人失学之日久矣，不独治生梏窳，退比野人；即数千年来所宝为国粹之经术道德，亦陵夷覆败，荡然若无。民生苟偷，精神形质上皆失其自立之计，虽闭关自守，犹不足以图存。"救国之道何在？他们的结论是："代兴于神州学术之林，而为芸芸众生所托命者，其唯科学乎，其唯科学乎！"这一时期，杨杏佛自己在《科学》上也发表过许多鼓吹"科学救国"的文章。

中国为什么经济落后，商业不发达？杨杏佛在《科学与商业》(1916)中分析指出，文明是科学与商业并进的结果，商业的计量需要推动了数学等各门科学产生，科学的发展又大大促进了商业的繁荣。他说："科学不仅与商业以交通之利器，更与以交易之物。今之商品不恃天然产物而重制造品，故必工业发达之国而后商业可操必胜之券。然工业发达会恃科学。"素以拥有商才而著称于世的中国，由于没有科学，工业不兴，经商方法日益落后，商业必然不振。因此振兴经济、发展商业，必须首先振兴和发展科学。

中国为什么政治腐败，社会动荡不安？杨杏佛认为也可以从缺乏科学中找到原因。他在《科学与共和》(1916)一文中，分析了科学与共和之间的密切关系：科学"脱吾人于生计奴隶"而"趋于极端社会共和"，"科学为社会各级开缚之功"；"科学不永守一已成立世界的学说，共和拒绝永远不变的律法"；科学与共和都"视过去不若未来之重要有趣"，主张变革发展。因此，中国要实现共和政治，也非发展科学不可。

既然社会政治和经济的发展都有赖于科学的进步,任何诋毁科学的言论就理所当然要受到驳斥。《科学》创刊之时,正值第一次世界大战期间,有人看到科学技术导致了杀人武器的改进,死亡和破坏空前增加,就给科学加上"为战争助虐"的罪名。杨杏佛写了《战争与科学》(1915)一文据理力争。他认为从表面看是科学技术带来战争升级,但从深层分析,科学能从根本上制约战争:一是科学使世界明白战争不是儿戏,必须谨慎行事,不可轻举妄动;二是科学推动民主共和,政治进步,人类平等,人们相互的理解和友情增加,战争狂人受到越来越多民众的谴责和约束;三是科学发明改进武器,欧洲封建城堡得以加速攻克,资本主义制度才成长起来,共和寡战的局面才可能出现。他提出"科学者战争之友,而战争则科学之敌也",决不能把世界大战的账记在科学的头上。

尽管后来中国历史的进程并不可能按照"科学救国"的道路发展,但杨杏佛及他所主编的《科学》月刊在宣传和推进科学事业上的功绩却永远地记载在中国现代科学史册上!

杨杏佛在康奈尔大学的第三年——1915年暑假,还参加了一场对五四新文化运动具有重要影响的文学革命讨论。这年胡适在农科毕业,准备在秋后转到纽约哥伦比亚大学师从美国著名实用主义哲学家杜威学习。暑假里,以胡适为中心,以中国科学社早期社员为主要骨干,围绕着中文使用标点符号、提倡白话文、能否用白话写诗三个问题,在康奈尔大学校园里展开了热烈争论,杨杏佛、任鸿隽、唐钺、梅觐庄都是积极分子。暑假结束后,胡适离开康奈尔大学,争论依旧继续,以通信方式进行。杨杏佛极力支持汉字使用标点符号的主张，在《科学》月刊编辑中首倡使用，也很赞成用白话文代替文言文，以普及教育、提高民智，但是对用白话写诗有不同看法，在给胡适的信中多次申诉了自己的意见。这场争论结出了两个重要果实：胡适写成《文学改良刍议》论文，编辑出《尝试集》和《去国集》两册白话诗集。前者发表于1917年1月1日出版的《新青年》第2卷第5号，陈独秀视之为胡适首举的文学革命义旗；后者则启迪了一大批青年新诗作者，洞开了诗歌文学新天地。胡适曾回忆说："若没有那一日一邮片、三日一长函的朋友切磋的乐趣，我自己的文学主张决不会经过那几层大变化，决不会渐渐结晶成一个有系统的方案，决不会慢慢地寻出一条光明的大路来。"又说："吾数年来之文学的兴趣，多出于吾友之助，若无叔永、杏佛，定无《去国集》；若无叔永、觐庄，定无《尝试集》。"胡适的话，是对历史负责的回忆，并非自谦之词。以往讨论新文化运动，几乎没有人注意到这段史实，不能不认为是一件憾事。

经过这场争论，杨杏佛与胡适建立了亲密的友谊。胡适离开康奈尔大学时，杨作词送别，用"三稔不相见，一笑遇他乡，暗惊狂奴非故，收束入名场"等句称赞胡适，并以"欲共斯民温饱，此愿几时偿"的语言，表达了拯救国民的宏志大愿。胡适读后，"既喜吾与杏佛今皆能放弃故我，重修学立身，又壮其志愿之宏"，也作词相答，称杨杏佛与他同为"春申江上，两个狂奴"，"愿乘风役电，戡天缩地"，用现代科学技术实现"户有余糈，人无菜色"的强国理想。1917年6月，胡适学成即将回国，杨杏佛正在外地实习，没能到纽约送行，寄去三首送别诗，其第三首是：

> 遥泪送君去，故园冠心深。
> 共和已三死，造化独何心？
> 腐鼠持旄节，饥鸟满树林。
> 归人工治国，何以慰呻吟？

当时国内的民主革命斗争在孙中山的领导下经历了辛亥革命、二次革命、护国运动三个高潮，却终不免一次次地被反动势力所扼杀。杨杏佛在诗中表达了对"腐鼠"统治国家、百姓饥寒交迫的愤懑，对民主共和运动三次夭折的失望。他希望学习治国之方的胡适能拿出良策慰藉正处于寇贼蹂躏之下、痛苦呻吟之中的"故园"百姓，也盼望自己早日学成回国，尽早报效国家，拯救民众。

一年之后，杨杏佛获得哈佛商学院硕士学位，踏上了回归祖国的旅程。轮船在波涛汹涌的太平洋上航行，杨杏佛的思绪也像海水一样不能平静，在日记中慨然写道："昨夜舟中不能成睡，既恨学不如人，须苦奋读书，又觉前途事业担子极重，小有失足贻误终生，益不能自静。继念万事皆在人为，若能自持，外界何能损益？能在黑暗社会自持亦大不易，必心地时时明白乃不为物污。"表达了保持气节，不与黑暗社会的邪恶势力同流合污的决心。

三、奇士扶危，让科学结合革命

1918年10月27日，杨杏佛回到上海。他在美国先后学习工程技术和科学管理，回国就想一展抱负，用自己的科学知识和方法，从振兴实业入手，实践"科学救国"主张。当时，他面临着三个职业选择：到美国人开办的银行工作；到汉冶萍煤铁公司任职；与人合作自办实业。最理想的选择当然是自办实业，他与康奈尔大学机械系研究生毕业的周仁等热心奔波，精心筹划，拟定章程，争取社会名流入股投资，还给酝酿中的实业取名"大效制造公司"，以示学习西方先进科学技术和管理经验，办成一个大型高效企业的意愿。可是，在当时的中国，仅凭几个书生和一腔热情，要办企业谈何容易！为了生计，杨杏佛经人介绍去访问美国人毕肖勃，接待他的是毕肖勃手下一位中国职员，那人虽说正与美国人一起筹办银行，可说话办事的神态和语气不啻洋奴，全然没有决定权。杨杏佛想到"他日若为银行之簿记员，亦不过此中一人耳，为之毛骨悚然"，毅然拒绝了这份虽然会有较高俸薪的工作。最后，杨杏佛决定到汉冶萍公司下属的汉阳铁厂工作。汉阳铁厂远离上海，要照顾在杭州的父母和在上海的岳父母都极不方便，但曾为张之洞幕僚的杨杏佛的岳父赵凤昌非常支持他，认为"能为中国人办事自较为西人执役为优也"。杨杏佛也认定，"与其为西人狗，则远就亦不得已也"。

汉冶萍公司创办于洋务运动时期，虽然历史较长却管理混乱。杨杏佛到汉阳铁厂任成本科长后，从调查入手，三四个月里就把化铁股会计状况、机器股生产管理、制铁股账目分类了解得一清二楚，重新核算了全厂的出铁成本，编订出铁厂的物料名词和索引，并提出了统一全厂会计工作的改革意见。然而，满腹经纶的学子并不受到重视，总公司最高领导层远在千里之外，并不图厂里的管理有所改善；厂内的职员中官气极深，门户之见严重，思想深刻对时事国策有见地者绝无仅有。杨杏佛忧郁不得志，决意去职。不久，震惊中外的五四运动爆发了，杨杏佛从根上了解了事件经过后，极其愤慨，立即找到武汉欧美同学会负责人——汉阳铁厂厂长吴任之，提议以同学会名义电援北京学生。不想素以"先知先觉"自居的会员多数竟漠然置之，没有一点热情。此事深深刺痛了杨杏佛，更坚定了他尽快离开武汉的决心。虽然公司后又提他为成本处副处长，但终究没能留住他。从汉阳铁厂半年不成功的"实业救国"经历中，杨杏佛体悟到：振兴实业的基础在教育，培养实业人才更为重要。1919年夏天，他带着新的希望离开武汉前往南京高等师范学校任职。

南京高等师范学校有很好的基础和学科，国内知名教授和留学归国人员济济一堂，当时与北大齐名。杨杏佛受聘任经济学教授兼商科主任，主讲经济学、工商管理等课程。他讲课敢于接触社会实际，涉及劳动、妇女、血汗雇佣制度等社会敏感问题，加上亦庄亦谐的演说才能，深受学生欢迎。南高改组为东南大学后，杨杏佛先后受聘为文理科经济学教授、工科教授，兼任校办工场主任。经杨杏佛相邀，茅以升也到东大任教，两人经常"抵掌纵谈"，成为过从最密的至交。

除了执教，杨杏佛还关心学校兴利除弊的改革，热心社会改造思想的传播。他积极支持教务主任陶行知在全国各大学中首开"女禁"，实行男女同校学习。1922年5月5日，马克思104周年诞辰日，南京地区社会主义青年团第一次代表会议在东南大学梅庵召开，会后代表们汇聚玄武湖举行马克思诞展纪念会，杨杏佛应邀作马克思传演讲，着重介绍马克思阶级斗争学说和剩余价值理论，支持"马克思学说研究会"的成立。杨杏佛不是一个马克思主义者，但他赞成马克思关于社会改造的学说，他的演讲对马克思主义在东南大学早期的传播产生了重要影响，被誉为"播火者"。

东南大学在上升发展过程中，校内因办学方针问题分成两派，杨杏佛和竺可桢、柳诒徵等教授主张教育独立，接受教育部领导，而以校长郭秉文为首的校董会主张倚重地方力量，在财政上依赖军阀官僚。郭秉文看杨杏佛常常与之作对，又热心宣传社会改造思想，支持共产党人和进步学生在校活动，心怀不满，必欲去之而后快。1924年趁解散工科的机会，逼迫杨杏佛离校。

从"科学救国"的真诚愿望出发，杨杏佛先后经历了实业救国和教育救国的实践。但是严峻的现实使他认识到，"实业救国，殆无实现之可能"，教育救国也是此路不通。同时他还看到，在当时的中国，几乎没有科学家的职业和地位，国内少数略有成绩的科技人员，只能以业余闲暇时间从事科学研究，充其量不过是业余科学家。他们的研究也好似宗教家修道，不能无所顾忌地追求科学真理，同时又不愿投身社会改造，排除科学研究的障碍。依违二者之间，终于改行荒学，去而无成。由此，杨杏佛思想上发生了一次极为重要的转折，开始抛弃"科学救国"的口号。这一思想转折，集中反映在其1926年写成的《科学与革命》一文中。

杨杏佛在文章中系统而集中地阐述了关于科学与社会民主革命的关系。他说："自科学发明以来，世界的进化，虽然快得许多，但同时亦增加了不少的破坏、堕落和战争，照理物质文明应当得着很好的结果，可是适得其反，这是为什么呢？"杨杏佛认为原因在于"科学家与革命家分道扬镳不能合作"。他进而指出当时科学家身上存在的两个毛病：一是只专注于自己的研究，对于外界社会的一切问题不闻不问，一经军阀利用他们的发明作战，奸商利用他们的发明敛聚财产，便放弃了做人的天职；一是到社会上后被贪官污吏所引诱，受资本家所指使，便变成帝国主义与资本主义的工具，忘却了研究科学的使命。这两种科学家，丧失了应有的社会责任感，即使有些成果，与救国也相去甚远。"欧洲中世纪屈服于神权下的科学和中国今日屈服于军阀与恶势力下的科学，所以不能成功，也正是因为他们缺乏革命的精神。"联系国外情况，他指出："欧美的革命家，莫不是科学家，科学家莫不是革命家。加里电倭、奈端、爱因斯坦的科学，就是革命；林肯、马克思、克鲁泡特金的革命，就是科学。"他的结论是："革命家须有科学的知识，科学家须有革命的精神，共同努力去研究社会问题，以及人生一切的切身问题，中国才有救药，世界才有光明！"早在六十多年前，杨杏佛就能超越自己的时代，提出至今仍不乏现实意义的精辟见解。

更难能可贵的是，他把自己的思想付诸行动，从科学的营垒中挺身出来，投入了让科学结合革命、争取民主的事业。1924年10月，杨杏佛从军阀统治下的南京来到当时中国革命的中心广州，担任了孙中山的秘书，并随孙先生北上进京。孙中山在京肝病发作，杨日夜侍候身旁，希望能"减少自己的寿数，来延长孙先生的生命"。孙中山病逝后，作为孙中山的忠实信徒，他决心"用心血和颈血一切的牺牲来延长孙先生的革命生命"。

五卅运动期间，杨杏佛的家已搬至上海。他创办《民族日报》，集编、排、校于一身，每天工作到深夜甚至天明，患有肺病咳血也不事休息，"欲以孙中山先生之民族主义，为国人之暮鼓晨钟明灯木铎"。报上逐日发表杨杏佛撰写的社论，宣传三民主义，为罢工、罢课、罢市斗争大声呐喊，痛斥部分华人为帝国主义者张目的行径，揭露民族资产阶级的动摇妥协。《民族日报》的发行刺痛了帝国主义和反动军阀的神经，出刊 16 天就被迫停刊。

北伐时期，杨杏佛代表国民党上海党部，主动与中共上海区委联系，配合工人纠察队行动。上海工人第三次武装起义胜利后，他被市民代表推选为市政府五名常委之一，在他主持的市政府会议上，杨杏佛强调：我们市政府是民众从长期奋斗牺牲中得到的，我们要努力创造一个新上海。

然而，就在申江两岸人民欢庆胜利之时，风云突变，蒋介石到了上海，秘密部署大规模反革命屠杀，第一次国共合作的胜利成果落入了独夫民贼之手。大革命的失败，使杨杏佛深感痛心，1927 年 7 月他写道："革命的前途现在依旧是很黑暗，中国民众仍在水深火热之中，一切做官发财谋事吃饭的机会虽然日日减少，但是革命牺牲杀身成仁的机会却日日增多。"孙中山提出的事业还远没完成，杨杏佛要继续奋斗。同年 8 月，他在《现代评论》上刊登一首诗，表示：

同志们，我疲了！
但是不敢后退。

与畏缩落伍的行尸作伴，

还情愿和被创的战士在血泊中僵睡。

四、以身作烛，用膏血换取光明

1924年冬季，孙中山北上之前，曾经提出设立中央学术院为全国最高学术机关的建议，并命令杨杏佛与汪精卫、黄昌毅三人一起负责起草学术院计划，这正是杨杏佛所追求的事业：在革命政府中推进科学事业，实现两者的结合。但随后形势的急剧发展，把杨杏佛卷入到大革命的浪潮之中，他一时成了一名职业革命者。大革命失败后，主张"教育独立"的蔡元培出任替代教育部的大学院院长之职，蔡元培赏识杨杏佛的学识和才能，聘其为大学院教育行政处主任，后又改任副院长，这使杨杏佛获得重返学术界的机会，以学者和革命者的双重身份去实现科学与革命结合的思想。

大学院成立于1927年，根据蔡元培"教育与学术并重"的思想，它是全国教育和学术的唯一主管机构，下设主持全国科学研究的"中研院"，蔡元培兼研究院院长，杨杏佛兼秘书长。蔡元培曾说："我在大学院的时候，请杨君杏佛相助，我素来宽容而迂缓，杨君精悍而机警，正可以他之长补我之短。"然而，由于政治、宗派等方面原因，大学院体制实行不到一年又恢复到教育部，"中研院"也独立出来。杨杏佛跟随蔡元培，辞去教育方面的一切职务，全力投入"中研院"的工作。

"中研院"独立后，杨杏佛作为蔡元培院长的主要助手，担任总干事之职，负责全院的行政管理执行事宜。他亲自参与了"中研院"创建的六年规划制定和实施。规划把六年分为三个时期：第一个两年（1929—1930）是完成筹备期，目标为"全力充实现有各研究所之房屋、图书、仪器及人才，以达最低限度之工作需要"；第二个两年（1931—1932）为集中建筑时期，在南京、上海、北平三地集中建设各研究所的实验室、图书馆和博物馆；第三个两年（1933—1934）为扩充事业时期，以"添设组织法中规定之各研究所兼扩充已设各所之事业"为目标。杨杏佛作为"中研院"的总管家，处处呕心沥血，精打细算，整日为筹措和分配资金、征地造房、院中事务管理奔忙不息，殚思竭虑，精心组织规划蓝图的实施。经过短短几年的建设，我国现代史上第一个全国学术研究机构终于建立起来了。杨杏佛遇难后，"中研院"的报告中评价道："君为院事竭智尽忠，备尝艰辛，研究院之得有今日者，蔡先生之功亦君之力也。"

在"中研院"，杨杏佛同时为社会科学研究所的研究员，兼任过社科所长、社会学组主任、经济学组主任，亲自参加社会改造和经济问题研究。经济学方面做过的课题有《所得税之理论及其应用》《中国土地经济》等。毕竟，总干事所要处理的大量事务占据了杨杏佛的主要时间和精力。作为学者，他在具体的科学研究方面成绩并不突出。然而，杨杏佛以自己杰出的组织才华和领导能力，奉献于"中研院"。如果没有杨杏佛牺牲自己的专业，没有出色的组织管理参与其中，"中研院"（甚至可以追溯到更早期的中国科学社）要想在几乎没有自己的近代科学技术体系的情况下形成我国现代科学的初步构架，是难以想象的。从这个意义上可以说，杨杏佛对中国现代科学事业的贡献决不会逊色于同时代的其他科学家。

这期间，杨杏佛的精力当然主要放在组织中国现代科学事业上，但他总是密切关注国家大事，不忘自己作为学者和革命者的双重责任。1930年，他秘密参加了由邓演达主持发起的中国国民党临时行动委员会（即第三党），以后又利用赴江西实地考察苏区红军现状的机会，代表蔡元培与邓演达、陈铭枢等密商联合红军武装反蒋的计划，后因邓演达不幸被捕遭杀害未果。杨杏佛对于蒋介石的面目，自大革命失败以后看得越来越清楚。1930年12月，教育部长蒋梦麟因平息学潮不力被免职，为了利用杨杏佛在教育学术界的影响和地位，同时也想拉拢杨杏佛，蒋介石征询杨杏佛，请其出任教育部部长。杨杏佛不为所动，更不愿充当蒋介石镇压学生运动的打手，坚辞不就。

杨杏佛不当教育部长的态度是否触怒了蒋介石我们无从知道，但杨杏佛江西考察后写的《"赤祸"与中国之存亡》（英文名为 *The Communist Situation in China*）一文，却实实在在使蒋介石感到恼火。杨杏佛在该文中严厉判评了蒋介石政府的欺骗宣传，指出政府和军队在各种报告中严重掩盖真相、粉饰太平，造成民众中的错误观念，这是在苏区屡战屡败的原因之一。文末，杨杏佛大声疾呼："今日党内外之政见，无论如何不同，较之民族存亡，均为细节，应力谋沟通，避免内战，以促成全国之大团结，共赴国难。"坚持三民主义、主张国共重新合作的立场蒋介石岂能容忍，文章印成小册子后未及分发就被收缴销毁了，而且成为以后杨杏佛遭暗杀的一个重要原因。不过，以英文发表于《字林西报》的该文，由于客观而系统地介绍了鲜为人知的红军情况，受到美国记者埃德加·斯诺的重视，引导他走向中国共产党领导的地区。

蒋介石在背叛三民主义、实行独裁政治的道路上越走越远了。他高唱"攘外必先安内"，对外不抵抗日寇侵略，对内大肆"围剿"苏区，捕杀革命志士，人民群众的人身自由毫无保障可言。这种种倒行逆施，引起杨杏佛越来越强烈的愤慨。1932年10月23日，他和蔡元培、林语堂等人联合发表要求释放共产党前总书记陈独秀的呼吁书，以个人名义营救被捕的政治犯。继而，他与宋庆龄、蔡元培等人一起，于1932年12月29日发起成立了"中国民权保障同盟"，担任总干事，协助主席宋庆龄、副主席蔡元培开展同盟的各项活动。同盟为保障民权所进行的工作杨杏佛均是主要组织者和参加者，其中包括作为同盟代表赴北平组织民权保障同盟北平分会和调查北平监狱中政治犯现状。

杨杏佛的活动，使蒋介石视之为心腹之患。开始，国民党政府想用软的一手，要安排杨杏佛出国考察，意在调虎离山，架空宋、蔡，瓦解同盟。继而又采取恐吓手段，派特务多次写信甚至在信中装上子弹威胁。杨杏佛正气凛然，全然置个人生死于度外。软硬兼施均不得手，蒋介石凶相毕露，亲自下令暗杀杨杏佛，指定杀人魔王戴笠亲临上海指挥，在法租界宋庆龄寓所附近执行，以威胁宋，并且不承担破案责任。

1933年6月18日，星期天，杨杏佛携长子杨小佛清晨乘上汽车准备到大西路骑马。车子刚驶出"中研院"出版品国际交换处大门，就有埋伏两旁的四五名特务上前袭击。枪声一响，杨杏佛立即意识到敌人要对他下毒手，迅速将儿子推下座位，以身掩护，自己连中三弹。虽经人急送医院，终因伤势过重，抢救不及，壮烈牺牲。时年仅40岁！

一代英豪惨遭杀害，举国上下为之震惊。宋庆龄愤怒写下《为杨铨被害而发表的声明》，鲁迅在参加送殡仪式后挥毫写就七绝《悼杨铨》："岂有豪情似旧时，花开花落两由之。何期泪洒江南雨，又为新民哭健儿。"蔡元培老泪纵横，泣不成声，在杨杏佛的公祭仪式上悲痛致辞："'中研院'之得有今日，先生之力居多。今先生以勇于往事、努力服务之人，而死于非命，同人等之哀悼为何如！人孰不死，所幸先生之事业，先生之精神，永留人间。……同人等当以先生之事业为事业，先生之精神为精神，使后辈青年学子有所遵循。"

杨杏佛牺牲了，他以自己的行动实践了他在一首诗中的誓言："以身作烛，用自己膏血换来的，方是真正光明之福。"他一生追求科学、献身民主的业绩和精神，无论过去、现在和将来，都是导引一切有志于中国科学事业之士登堂入室的一支永不熄灭的明烛。

（作者：许为民）

参考资料

梁启超 中国现代启蒙运动的先驱

[1] 梁启超.饮冰室合集·文集[M].上海:中华书局,1927.
[2] 丁文江,赵丰田.梁启超年谱长编[M].上海:上海人民出版社,1983.
[3] 李泽厚.中国近代思想史论[M].北京:人民出版社,1979.
[4] 孟祥才.梁启超传[M].北京:北京出版社,1980.
[5] 毛以亨.名人传记:梁启超[M].香港:亚洲出版社,1958.
[6] 张朋园.梁启超与清季革命[M].台北:"中研院"近代史研究所,1964.

虞和钦 近代科学中国化的实践者

[1] 袁翰青.化学界的鲁殿灵光虞和钦先生[J].化学通讯,1937.
[2] 何涓.清末民初(1901—1932)无机物中文命名演变[J].科技术语研究,2006.
[3] 张澔.虞和钦的有机化学名词:中文有机化学名词系统命名的开始[J].中国科技史杂志,2005.
[4] 赵冬.近代科学与中国本土实践[M].北京:社会科学文献出版社,2007.
[5] 任鸿隽.科学与实业之关系[J].科学,1920.
[6] 虞和钦.原理学[J].科学世界,1904.
[7] 虞和钦.现今世界其节省劳力之竞争场乎[J].科学世界,1903.
[8] 范祥涛.科学翻译影响下的文化变迁[M].上海:上海译文出版社,2006.

曹云祥 20世纪30年代中国的"泰勒"

[1] 马洪,孙尚清.现代管理百科全书(上册)[M].北京:中国发展出版社,1991.

[2]许康.八十年前泰勒与中国学者的文字之交[J].科学学与科学技术管理,1995.

[3]许康.杨铨(杏佛)对科学管理的宣扬[J].科学学与科学技术管理,1995.

[4]许康.运筹学在中国的最早介绍[J].科学学与科学技术管理,1996.

[5]庄泽宣.职业指导实验[M].上海:商务印书馆,1925.

[6]程守中.敬悼曹云祥先生[J].工商管理月刊,1937.

任鸿隽 中国现代科学事业的拓荒者

[1]任鸿隽.前尘琐记[J].传记文学,1975.

[2]赵慧芝.任鸿隽年谱[J].中国科技史料,1988.

[3]任鸿隽.中国科学社社史简述[J].中国科技史料,1983.

[4]任鸿隽.悼胡明复[J].科学,1928.

[5]任鸿隽.中国科学社之过去及未来[J].科学,1923.

胡明复 中国科学事业开路人

[1]赵元任.赵元任生活自传[M].北京:中国华侨出版社,1989.

[2]任鸿隽.中国科学社社史简述[J].中国科技史料,1983.

[3]樊洪业.从"格致"到"科学"[J].自然辩证法通讯,1988.

杨杏佛 中国现代杰出的科学事业组织者和社会活动家

[1]胡适.胡适自传[M].合肥:黄山书社,1986.

[2]柳亚子.南社词集[M].上海:开华书局,1936.

[3]胡适.胡适留学日记[M].台北:台北远流出版公司,1986.

[4]杨铨.杨杏佛文存[M].上海:上海平凡书局,1929.

人名对照表

（按外文姓氏的首字母排序）

B

毕利干——Anatole A. Billequin
博歇尔——Maxime Bôcber
波伦哈克——Konnad Bornhak

C

伯伦知理
　　——Bluntschli Johann Casar

D

杜里舒
　　——Hans Adolf Eduard Driesch

F

法约尔——Henri Fayol
傅兰雅——John Fryer

H

哈尔西
　　——William Frederick Halsey Jr.
黑卓——S. Herzog
赫维茨
　　——Wallie Abraham Hurwitz

M

梅特卡夫——H. Metcalfe

O

奥斯古德——William Fogg Osgood

P

皮尔逊——Karl Pearson

S

谢尔屯——S. R. Shelden

史密斯——O. Smith

汤姆生——J. A. Thomson

唐恩——H. Towen

T

戴乐仁——John Bryan Taylor

泰勒——Frederick Winslow Taylor

U

厄威克——Lyndall Fownes Urwick